아포리즘 수필

김용옥金容玉 (深泉, 休霞, 烋霞)
* 이리남성여자고등학교, 중앙대학교 영어영문학과 졸업
* 1980 《전북문학》-최승범 선생 추천, 1988 《시문학》-문덕수 선생 추천 완료.

아포리즘 수필

김용옥 수필집

수필세계사

● 작가의 말

아포리즘수필을 쓰는 것은
사유하는 덕분이다

    수필은 질항아리다. 쌀독, 물독, 술독, 장독, 김칫독에 난관의 비자금독이다.
    고열로 연단된, 스스로 숨 쉬는, 품는 것들에게 생명력을 주는 질항아리다. 모든 문학, 그림, 노래, 과학을 담는, 인생을 담는 질박하고 품이 둥근 질항아리다.
    아포리즘수필은 다식多識으로 만물정관萬物靜觀하여 명덕明德을 얻은 후에 성의誠意와 정수精髓를 쓴, 짧을 수밖에 없으며 짧아야 하는 수필이다. 현란한 어휘와 묘사보다 사유의 골수骨髓를 드러내는 수필이다.

    서랍 속 문학이라는 일기 같은 수필이 난무하는 시절이 오고 수필에 회의懷疑가 들자, 글의 골수를 생각했다. 수필의 품질은 사유의 언어가 결정한다고 생각한다.
    아포리즘수필을 시도한 지 벌써 10여 년이 흘렀다. 적어도 발표하기 3년 전에 완성한 글을 첨삭 교정하여, 2015년《수필세계》45집 봄호부터 연재를 시작했다. 알토란 같은 수필의 문학정신에 힘입어서였다.

  짧은 글이다 못해 토막글의 시대를 사는 현대인에게, 이만큼의 글을 읽는 인내심이라도 가져야 사유 사색하는 인격적인 사람이 되리라는 희망을 안고 썼다. 일만 권 독서가 준 진액을 골라 독자와 공유하여, 소통하는 힘을 나누고 싶다. 수필을 철학하고, 실험하고, 실천해 본 사유의 글이다.

  독자에게 진실하며 성실하고 아름다운 수필 잡지《수필세계》, 한국수필문학관의 관장이며 수필 사랑과 보급에 헌신해 오신, 홍억선 수필가의 앞서가는 문학정신에 동참하여 맺은 책이다.

  《수필세계》에 감사드린다. 독자에게 사유가 있기를 빈다.

2022년 壬寅年 한국호랑이의 咆哮를 생각하며
烋霞 김용옥

■ 차례

제1부

- 13 희망
- 14 양심
- 15 기도
- 16 독자讀者
- 17 관객
- 18 프란치스코 교황
- 19 사랑
- 20 인생
- 21 연애
- 22 낭만
- 23 결혼
- 24 정의
- 25 수필의 홀대
- 27 사실
- 29 세월호
- 30 공부
- 31 한 그릇 밥
- 32 어머니
- 33 돈
- 34 오늘
- 35 진짜 여행
- 36 소요 산책逍遙散策
- 37 관광 여행
- 39 마지막 여행
- 40 꽃시계
- 41 분기奮起하기
- 43 문학 유감
- 44 경구(Epigram)
- 45 문학의 반찬
- 46 기억력
- 47 기부寄附
- 48 시집詩集
- 49 고해성사
- 50 철학
- 51 좀비 인간
- 52 보리와 쌀
- 53 엄지 자식
- 54 부富
- 55 인정認定
- 56 오늘 지금

제2부

빛　57	미술관美術觀　81
베갯잇지갑　60	정의사회正義社會　83
죽음　61	식자識子　84
인간교육　62	생놀이　85
기다림　63	자본주의　86
손　64	영화감상　87
삶　64	산타 노래　88
악연이 스승　66	살 만한 곳　90
시詩　67	죽음연습　91
수필　68	작가정신　92
꽃　69	수필 동기動機　94
순리順理　70	시詩의 진면목　95
심지心地　71	스트레스 해소　96
음식　72	난관 체험　97
혼자　73	진짜 승리　98
말장난　74	가을볕　100
친구　75	아직도 새 꽃　101
나의 피그말리온　76	가을하늘　102
앵그리 맘Angry Mom　77	글 소재　103
겁나는 고령화　79	진짜공부　104

차례 7

제3부

107	깰 것	131	마음
109	필기구	132	우애
110	말의 힘	133	너+너=나
111	새해	134	글
112	음식맛	135	도구활용
113	소리의 진수眞髓	137	대순大順
114	일상日常	138	이율배반
115	만남	139	생명수
116	외로움	140	늙어감
117	강물	141	존재양식
118	도시인	142	종합예술
120	비극	144	원단元旦맞이
122	아름다운 편지片紙	146	부지런함
123	잠 이야기	148	자본
124	책	150	지족知足
125	음악音樂	152	정화淨化
126	청춘	153	우화羽化
127	인간의 관계	154	세월
128	인생	155	물
129	고생과 수행	156	동문서답東問西答

제4부

문학적 자립	159	존재인식	182
읽기와 쓰기	160	자기성찰	183
글과 밥	161	아빠	184
글	162	엄마	185
문학의 조건	163	벗	186
멋진 수	164	나	187
시詩처럼	165	스승	189
시詩	166	극복	190
수필의 묘사	167	남녀차이	192
실험수필	168	교훈	193
확신	170	살 시간	194
과잉 갑질	171	마음속 초상화	196
자살	172	자녀는 새 꽃	197
홀로서기	173	무능한 아군	199
대화	175	서생원 실험	200
잉여예술	176	사람잡초	202
은사隱士	178	돈은 도구	203
뇌살이	179	자연	205
공평함	180	절망	206
사월초파일	181	역사인식	208

제5부

211 상남자
213 섹스피어라면?
214 음악
215 뇌동腦動
216 김제동 발언
218 실험
219 2015년 성탄절 소식
220 구름카페문학상 유감
221 검은 사제
222 표절
224 예수 얼굴
226 선거
227 지식知識
228 예술수필가
229 수필 정의
230 맹수처럼
232 정치政治
233 서재
234 시련
235 부정의不正義

236 여행
237 돈의 가치
239 인생에
241 사진첩
242 슬픈 일
243 불효재산
244 자유민주주의 국가
246 일신우일신日新又日新
247 수석壽石
249 나의 글
250 겨울산
251 삶의 진실
252 명언
254 문학
255 독백
257 앎知
258 인간의 문제
259 문학예술가
260 수필
261 시

제 1 부

사람이 희망을 잃으면 하루도 제대로 살 수가 없다. 사람이 밥을 먹어서 사는 게 아니다. 사랑을 하느라 사는 것도 아니다. 내일이 있다는 무의식의 희망이 있으므로 살 수 있는 것이다. 우리가 사는 날은 바로 오늘이지만 내일이 오리라는 잠재된 희망이 있으므로 살아갈 수 있는 것이다. 가장 위대한 희망은 내일이 있다는 것이다.

희망

　내일을, 곧 오늘과 다른 내일을 기다리는 것. 그때껏 살아 보지 못한 미래를 꿈꾸는 것은 희망이다.
　내일에는 오늘과 달라지기를, 더 나아지기를 우리는 바란다. 내일이면 병이 더 나빠지고 얼굴이 더 늙어질지라도 그건 내일의 몫이다. 내일이 되어 또 내일의 종언을 맞을 테지만, 내일은 오늘의 희망이다. 그러므로 내일 일을 미리 염려할 까닭도 서둘러 절망할 필요도 없다.
　사람이 희망을 잃으면 하루도 제대로 살 수가 없다. 사람이 밥을 먹어서 사는 게 아니다. 사랑을 하느라 사는 것도 아니다. 내일이 있다는 무의식의 희망이 있으므로 살 수 있는 것이다. 우리가 사는 날은 바로 오늘이지만 내일이 오리라는 잠재된 희망이 있으므로 살아갈 수 있는 것이다. 가장 위대한 희망은 내일이 있다는 것이다.

양심

인간이 타고 태어난 어진 심성이다. 그러나 문명이 생기면서부터 양심이 찢어지기 시작하고 신을 만들면서부터 양심의 자리에 원죄가 들어앉았다. 오호 통재라!

양심은 타인에 의해 주어질 수 없다. 자기를 객관적으로 바라보고 자기의 부족함을 깨달을 때에 양심이 생긴다. 타인을 비난하기 위해서 양심을 내세우는 자는 양심적이지 못한 자다. 자기의 무명을 깨닫지 못한 자이기 때문이다.

양심이 살아 있는 세상은 그야말로 인간적인 세상이다. 어떠한 차별 없이 공존할 수 있는 평화로운 세상이다. 내가 너를 인정하고, 네가 나를 이해하는 공생의 세상이다.

양심만이 후손 대대로 물려주고 이어 줄 유산이다.

기도

하나님의 교회에서, 부처님의 법당에서 기본적인 의식 행위로 행하는 게 기도다. 기도란 넓게는 신과 교감하는 영혼의 대화요 좁게는 한恨과 소원을 토설吐說하는 행위다.

어려선 어머니의 모습을 따라 저절로 두 손을 모으며 기도를 했다. 젊은 날 내내 시련과 고행 속에서 내 목숨과 삶을 견뎌내고자 기도를 했다. 기도란 내가 얻고자 하고 이루고자 하는 걸 주문처럼 간절하게 중얼거리는 거였다. 깊이 성찰하는 어느 순간에 기도란 결국 자기의 소망 희망, 다른 표현으로는 욕망 욕구를 이뤄 달라고 안달복달 열중하여 비는 것이다.

인생에 철이 들면 더 이상 제 욕망을 중얼거려선 안 된다. 인생에 철이 든다는 것은 인간과 인류에 대하여 성찰이 이뤄진다는 의미다.

끊임없는 자기 욕망의 기도는 사람을 욕심 사납고 어리석게 한다. 이젠 모든 생명을 자연 그대로 바라보아 주는 것이 나의 기도다. 너무 늦게 철이 들었다.

독자 讀者

한마디로 문자를 읽는 사람.

세상 사람 누구나 독자일 수 있다. 나는 독서 중독자인데도 요즘 들어 독자 노릇 하기가 싫어지고 있다.

문자를 읽어야 진리를 알고 인생을 안다고 하지만, 고개 숙이고 앉아서 문자만 읽는 사람은 인생에 어둡고 침침하고 답답하다. 문자를 많이 읽는다고 해서 지성인이 아니라 지성의 행위를 행할 때 진짜 읽는 자(독자) 또는 읽은 자가 된다. 독서를 하는 가장 큰 이유는 덕성과 인격의 성숙을 고양하기 위해서이기 때문이다.

글자를 읽고 앉아서 생각하는 시대가 아니라 이리저리 뛰며 이것저것 보며 사유해야 살 수 있는 시대다. 현대의 독자는 단지 문자만 읽는 것이 아니라 영화로 미술로 음악으로, 운동으로 오락으로 산행으로 인간을 읽고 인생을 읽으며 생각한다. 이런 세상에서 문자의 문학은 어떻게 존재되어야 할까?

관객

 현대인은 타인의 생에 철저히 관객이다. 오직 제 뜻대로 보고 듣고 따라 하는 관객이다.

 요즘 세상은 비디오 세상이다. 오만 가지 생각을 한다는 두뇌로 살기보다 300만 가지를 분별한다는 눈으로 보고 살기를 즐겨 한다. 뿐만 아니라 머나먼 다른 나라 남의 인생사를 구경하기도 하고 활동 범위가 세계 방방곡곡으로 널리 멀리 드넓다.

 길거리에서도 지하철에서도 스마트폰에 고개를 숙이고 눈동자조차 움직이지 않고 보고픈 것을 본다. 우리는 옆에 있는 산 사람보다 불특정 다수의 그림자놀이의 관객이 되어 가고 있다.

 그런데도 바로 옆 사람 이웃 사람의 고난 불행에는 눈이 먼 관객이 태반이어서 쓸쓸하다. 내 인생의 눈먼 관객들이 두렵다. 우리는 서로에게 쓸쓸한 관객이다.

프란치스코 교황

프란치스코 교황의 이름을 기억할 수밖에 없다. "인간의 고통에 관해서는 중립일 수 없다."고 발언한, 그의 진실로 인간적인 사랑 앞에 눈시울이 뜨거웠으므로.

2014년 7월 한국에 온 그는, 4월 16일의 세월호 사건으로 멘탈 붕괴를 겪고 있는 한국인에게, 사람은 어떻게 살아야 하는가, 사람은 어떻게 행동해야 하는가를 수범하여 보여 주셨다.

대단한 방탄차 대신 작은 경차를 타고, 플라스틱 값싼 시계에 허름한 가죽가방을 손수 들고, 보통 아이와 장애인에게 스스럼없이 입을 맞추며 포옹하고, 세월호 희생자 유가족으로 장기 금식을 하는 김영오 씨의 손을 마주 잡고, 십자가를 지고 900km를 걸은 이호진 씨에게 세례를 주고, 밀양과 강정마을의 주민을 교황의 미사에 초대했다. 결코 정치적인 눈치를 보지 않았다. 아프고 무거운 짐을 진 자들의 가까이에 왕림한 것이다.

이 사회의 빈자와 약자에게 인간적으로 다가가야 한다. 그 힘이 진정한 인간 구원이다. 그 이념이 진짜 민주주의다.

사랑

내가 존재된 동기며 살아가는 의미다.

사랑은 자기를 발견하게 하고 성숙하게 한다. 사랑은 진실로 자기의 느낌과 생각과 표현을 가르쳐 주기 때문이다.

그러나 사랑하는 일은 때로 자기를 속이고 타인도 속인다. 사람은 대부분 자기를 미화하고 변명하며 자기 합리화를 잘하는 명수 아닌가.

사랑이란 오직 자기 방식으로 타인을 향해 표현하는 모험이다. 그러므로 사랑은 신기하며 끝없이 새로운 느낌이다. 그리하여 인류는 존속되고 괴로움은 계속된다.

사랑은 눈으로 보고 몸으로 부딪치고 정신으로 생각하는 환상이다.

오직 생각할 것은 '사랑'은 추상명사이나, '사랑한다'는 사람으로서 반드시 실행해야 하는 실천 행위라는 점이다. 사랑을 위해 사는 게 아니라 사랑하기 위해서 사는 것이 인생이다.

인생

 인생이란, 인간의 생로병사의 과정 곧 죽음으로 가는 노정 路程이다. 영혼 운운하지만 저승까지 무한하며 윤회로 거듭나는 인생은 없다고 생각한다. 인생이란 인간의 삶 내림이다.
 인생은 매년 매월 매일 매시간 매 순간을 살아 있는 것이며 죽음 또는 비현재 혹은 신·허상에 매달려 삶을 탕진해선 안 된다. 이 시간에 호흡하는 것이 살아 있는 증거이며, 이 시간에 경험하는 것이 인생의 줄기며 잎이다. 지금 이웃을 사랑하고 인류애를 발현하는 삶이 참다운 인생이다.
 인생은 꿈꾸는 허상이 아니라 몸으로 실행하는 활동이다. 육체 없는 인생은 없다.
 죽은 자는 혼이라고 부를지언정 인간이라고 부르지 않는다. 더 이상 인생도 없다.
 살아 있는 동안에 부디 사람답게 살지어다.

연애

남녀 사이에 적극적 열정적으로 이성理性을 잃어버리고 사랑의 감정만 확대되는 현상. 물론 호모와 레즈비언의 사랑의 교류도 연애라고 할 수 있다.

연애는, 마치 역사를 쓰라고 하는데 소설을 쓰는 것과 같은 사랑의 감정이다. 신문 기사를 쓰라고 하는데 일기를 쓰는 것과 같은 감정이다.

연애는, 한순간의 광기와 신비로 시작한다. 연애는, 사회적 편견과 정치적 이성으로 무너진다.

내 인생의 일부분에 장국영이 살았다. 그는 아름다운 동성애자. 그의 연애를 슬프지만 인정했다. 그에게는 장학덕을 향한 사랑의 감정이 못 견디게 넘쳤다. 그의 연애가 사회의 편견 때문에 무너질 때, 그의 사랑이 너무 슬퍼서, 나는, 그를 위해 울었다.

연애, 누구나 원할지라도 결코 아무나 그 신비와 광기를 체험할 수 없다. 그러므로 연애를 환상한다.

낭만

인간의 정열적인 감정과 뜨거운 영혼의 꿈이다.

어떤 상황, 어떤 조건 하에서의 만남이건 거기에 정신적인 일체감, 가치관의 일체 의식, 매력을 느끼는 깊은 감정의 상태가 있을 때 낭만은 형성된다. 낭만은 황홀감을 준다.

이성적으로 현명한 자일지라도 운명처럼 주어지는 행복감을 느끼고자 함은 낭만이다. 낭만은 미래, 불확실한 것에 대한 높은 희망과 선의의 감정을 일으키는 꿈이다. 낭만은 환상적인 가능성이며 이루고 싶은 모험이다. 낭만은 혼자서도 둘이서도 여럿이서도 이룰 수 있는, 현실적이지 않은 현실의 모험이다.

타인의 눈으로 보면 실패일지라도 '그와의 사랑'은 낭만이다. 서로를 온전히 이해하지 못할지라도 함께 슬퍼하고 더불어 기뻐하고 서로를 인정하므로.

숲길을 걸으며, 저녁놀을 바라보는 그의 눈빛을, 어깨에 얹히던 그의 손길을 느낀다. 늙어 가는 인생의 낭만이다.

결혼

스스로 새장에 갇히는 것. 그 후에 자유를 향해 날아가고파 새장의 벽에 날개를 부딪치며 사는 것. 결코 생각하지도 못한 문장까지 줄줄이 엮어야 하는 지루한 소설 같은 것.

철학자도 이르기를, 결혼은 해도 후회, 안 해도 후회하는 것이라 했다. 그러나 나는, 하고 후회하는 것이 인생을 훨씬 잘 경험하는 것이라고 생각한다.

사랑은 모든 환난 고통을 극복하게 한다는 착각의 희망을 안고 결혼하지만 부부는 몇 개의 작은 시련과 갈등에도 넌덜머리를 낸다. 왜냐하면 결혼하면 인생의 소설 기간이 끝나고 인생의 시련 고난의 역사 기록이 이어지는 과정을 생생히 견디어내야 하기 때문이다.

단언컨대 진실로 아름답기만 한 결혼 생활이란 없다. 환상을 버리고 그냥 길들어 사는 것이 훨씬 더 나을지도 모른다. 우리 어머니 말씀대로라면 내 떡 반半, 네 떡 반半 합하여 다시 새로운 반 떡이 되는 일이다.

정의

글자 그대로 말하자면 옳고 바른 것. 그러나 진실로 파악하자면 강자에겐 강하고 약자에겐 한없이 약한 것이 정의正義다.

정몽주는 말하기를 국가와 국민을 위해 정의로운 사람이 선비라 했다. 흔히 말하듯 공부 잘하고 글깨나 쓰는 사람이 선비인 게 아니다.

권력, 재력, 실력, 각종 힘을 가진 사람이 먼저 정의로워야 하며, 힘 가진 자들의 불의에 민중은 저항할 줄 알아야 한다. 이렇게 현실 상황(실상)을 정확히 알고 행동할 수 있는 사회가 정의로운 사회다. 정의에 열광하는 사람이 많은 나라일수록 결코 정의롭지 못한 나라다. 한국은 마이클 샌델이 저술한 『정의란 무엇인가?』가 가장 잘 팔린 나라란다.

정의. 나의 이익을 위해서가 아니라 나보다 약한 자를 위해 낮아지고 협력하는 것.

수필의 홀대

 난생처음 문학상 공모전에 수필 한 편을 보냈다. 시 부문에 대상大賞을, 곧 시를 문학의 최상위로 삼고, 수필 부문에는 본상(언제 왜 이런 명칭이 생겼는지 모르겠다)을 수여했다. 즉 하위 취급을 받은 기분이다. 수필은 엄연히 독립된 문학 장르다. 무엇이든 잘하기는 무지하게 어렵다.

 한국 문단의 3분의 2를 차지하는 시인들에게 수필 곧 줄글 문장을 써 보는 시험을 치러 보면 어떨까? 국어의 아름다움과 어휘의 사상성과 다양성을 제대로 이용하는 문인다운 문인인지 검증해 보자는 것이다. 시인이 많다 보니 부끄러운 시도 비일비재다.

 시는 언어의 뼈요, 예술미학이며, 사상의 참이다. 시는 언어 치기가 아니요 너스레나 감정 푸념이 아니다. 하루에도 오만 가지 생각이 흘러간다는 두뇌에서 꼬투리 하나를 건드려 뻥 튀기고 꼬고 쥐어튼 말장난은 더욱 아니다.

 나는 시인으로 등단한 43년차 시인이다. 다양한 종류의 공부에 종교 철학까지 사유하지 않으면 결코 수필다운 수필을 쓸 수 없다고 생각했기에 수필을 쓴 지는 33년째다. 시인이므로, 25년 남짓 수필을 발표해 온 수필 동인에서 수필문학상을 줄 수 없단다. 이건 뭐람! 수필이 시의 서자 문학이 결코 아니다.

제자백가諸子百家는 사상문장가요 흔히 시인으로 인식하는 당송 8대가 시인들은 위대한 문장가다. 부모님 덕분에 어려서부터 고문진보와 당송 팔대가의 시를 접하며 자랐다.

수필문학은 내 인생의 최고 병기兵器다. 쓰지 않을 때에도 예리함을 잃지 않도록 갈고 닦는다.

사실

"희망 없는 사회, 미친놈만 살아남는다!"

이런! 한 영화 포스터의 문구다. 한 달에 서너 편 이상의 영화를 관람하는 나에게 「매드 맥스 ; 분노의 도로」 포스터가 극장 입구에서 나를 강타한다. 독서하기에 눈이 아파 오고 머릿속이 뒤숭숭하여 영화를 보러 휭하니 나왔다가 뒤통수를 얻어맞았다. '그래, 이 희망 없는 나라, 빌어먹을 사회!'

양반의 후예요, 지성인의 자존심 하나로 외동딸을 고등 교육 시킨 홀어머니가 체감하는 대한민국의 현실 상황이다! 좌절과 분노의 연속이기 때문이다. 부정부패로 치부한 종교 단체의 세월호와 국가 권력층의 부정부패로 300여 명 소년의 창창한 목숨과 미래를 해장海葬하는 동안, 정부의 구조자는 0명. 썩어 빠진 못 하나를 빼지 못하는 대통령을 40% 이상이 지지하고, 공무원(사실은 空無員)과 국회의원(사실은 國害의원)은 국민에게 갑질이나 열불나게 하는 실정이다.

자기 고난 고통이 아니면 지겨워하는 일부 지식층 국민은 '유족충, 시체팔, 지겨움'이라는 단어를 남발하는데, 생활고에 허덕이는 서민은 사실의 인식 능력이나 관심조차 없다. 어찌 살아야 하나, 이렇게 희망이 지근지근 짓밟히는 나라에서.

두렵다. 암담하다.

  죽을 날 가까운 나와 우리들이야 잠깐 견디면 되지만, 이 만신창이 국가 상황에서 창창한 미래를 살아가야 할 20대 30대 40대의 한 치 앞이 캄캄하다. 오직 바란다. 이 절망이 새 희망을 꿈꾸게 하는 동기가 되기를 간절히 바란다.

세월호

  희대의 사기꾼 종교인 유병헌이 엄청난 해장海葬 살인사건을 불러온, 불량 유람선 이름.
  치욕스럽고 참담한 사고가 우리 슬픔의 시작인지 끝인지, 불신의 시작인지 끝인지 알 수 없다. 대한민국에서 사는 나는, 진실로 삶의 어디에 서 있는가?
  꿈 많고 선하고 명랑한 소년 소녀들을 서로간의 우정과 격려와 공포 속에서 서서히 죽어 가게 한 이 나라의 어른들. 국민의 생명과 안녕을 제일로 지켜 줘야 할 정부와 행정가들이 '이 나라의 미래'를 냉혹한 바다 깊이 처박아 살해한 꼴이다. 이 분노와 비애를 가슴에 어이 안고 살까.
  이런 나라에서 살아야 하는가? 이런 나라에서 희망을 가질 수 있는가? 이런 나라에서 아이를 낳고 기르고 싶겠는가? 잘못된 문제는 수정되고 교정되었는가? 억울한 국민에게 진심으로 사죄하고 위로하는가? 정의를 부르짖기 전에 부정을 저지르지는 않는가? 국토와 국민을 사랑하는 정부인가? 무너지는 질문이 끝없다. 세월호가 되새기게 하는 질문들이다. 가슴이 저리다.

공부

사람다운 사람이 되기 위해, 사람답게 살기 위해 배우는 것이 공부다.

공부의 기초는 선한 심성이고 공부의 기본은 독서다. 인간은 교육되는 존재로 독서만 한 스승과 도구가 없다.

문자를 읽어 생각의 뿌리가 되는 어휘를 배우고, 그 어휘로 사유의 깊이와 폭을 확장한다. 그리하여 문명과 예술을 이해하고 최후엔 자연을 읽을 수 있게 될 것이다.

자연은 결코 헛된 짓을 벌이지 않는다. 자연에는 그 어떤 목적이 존재하지 않기 때문이다. 모든 인간도 본디 자연이며, 자연에 의지하여 자연과 더불어 살다가 자연으로 자연스레 돌아갈 뿐이다.

이런 것을 깨달아 가는 과정을 공부라고 말한다.

한 그릇 밥

아침에 한 그릇의 밥을 먹는다. 하루 생명의 원천이다.

밥은 쌀이 있어야 짓는다. 쌀은 볍씨에서 비롯된다.

볍씨를 물에 담가 싹눈을 돋우고, 흙에 뿌려 새싹을 길러내 모내기를 한다. 때때로 김을 매고 벼를 해치는 병충을 막아주고 가꾼다. 비와 햇빛 햇볕과 바람이 오가야 하며, 지나친 홍수 범람과 땡볕 가뭄과 폭풍우에 벼가 견디고 버티어야 한다. 때에 이르러 볍씨가 맺히고 육과가 성숙하기를 기다린다. 추수 과정 즉 벼를 베어 탈곡하고 건조하기까지 농부의 88번 손길 발길이 필요하다.

고된 한숨을 내려놓기도 전에 정부의 수매나 도매, 소매라는 유통 과정을 통해 우리 가정으로 구입된다. 이제 주부의 손길을 거쳐 물로 씻기고 불로 거듭나야 한 그릇의 밥이 된다.

내가 먹는 밥 한 그릇에 우주의 숨결과 타인의 수고와 나의 정성이 담겨 있다. 아, 나는 우주와 중생의 은혜로 한 그릇의 밥을 먹는 것이다!

어머니

어머니는 인간을 창작해 내는, 실존하는 사람신神이다.

20세기부터 이성과 지성이 최고로 발달한 시대가 도래했다. 더 이상 몽상이나 환상, 허상에 인간의 사상과 철학과 종교가 휘둘려서는 안 된다. 어리석은 자를 이용 또는 악용하여, 인류애와 자비를 행하는 게 아니라 치부하는 직업적 사상과 종교는 경외할 가치도 없고 필요도 없다.

스스로 배우고 생각하고 깨달을 수 있는 시대다. 과거의 온갖 신화에 목매달지 말고 실재를 보라. 많은 종교 권세가가 속세의 영달과 돈복을 욕심껏 누리며 욕심 많은 늙은이로 죽는 걸 보지 않는가.

우리 어머니는 언니 오빠를 낳고 나를 낳고 동생들을 낳았다. 우리의 몸과 정신과 영혼이 각양각색이다. DNA가 같으나 아롱이다롱이다. 그와 같이 세상의 모든 어머니가 아들=남자와 딸=여자를 낳았다. 아버지가 없다는 예수조차도 어머니에게서 출생했다. 사람의 창조자는 남자나 여자가 아니라 어머니다.

각 사람에게 빛과 이 세상을 주신 어머니는 진실로 사람신神이다.

돈

현대인이 추구하고 욕망하는 현대인의 물신物神.

나눠 먹고 바꿔 쓰는 행위를 편리하게 하는 중매쟁이로, 살아가려니 필요하고 누구나 돈을 벌고자 한다. 인간이 많아지고 사는 장소가 복잡해지자 인간 사이에 벌어진 가치 교환의 도구로 발명된 것이다.

돈은 현대인의 권력이 되어, 자본세습주의까지 도래했다. 돈이 인간을 부린다. 돈에 기를 펴고 돈에 기죽는, 인간이 돈의 노예로 전락한 비참한 현대다.

인간은 늘 혁명을 꿈꾼다, 과거와 달라지기를. 인간은 돈을 좇아 살지 말고 돈을 깡그리 비웃을 줄 아는 혁명을 해야 한다. 돈을 좇는 자는 아무리 좋게 말해도 돈의 노예일 뿐이다. 지혜로운 사람은 돈을 다스리고 무시할 줄 알아야 한다. 죽음이 다가와도 돈에 굶주린 노인을 보는 것이 가장 슬프다.

오늘

지금 내가 살아 있고 살고 있는 하루의 시간.

나의 이름을 불렀을 때 대답할 수 있는 시간. 어제와 다른 나를 창조할 수 있는 시간.

어제 없는 오늘이 없고, 오늘 없는 내일이 없으며, 오늘은 또 내일의 어제가 될 것이다. 오늘은 경험해 본 적 없는 새로운 시간이다.

어제는 살아 보았으니 잘 알고 오늘은 그 결과 또는 후유증임을 생각하라. 그것이 미래를 위한 태도다. 설사 나에게 미래가 없을지라도 인간의 미래는 지속된다는 걸 깨닫고 살아야 한다.

오늘의 지구가 푸를지라도 내일엔 헐벗을 수도 있다. 오늘은 황무지일지라도 내일엔 새싹이 돋아날 수도 있는 것이다. 내가 어제의 지구를 빌려 살았듯이 내일은 다른 누군가가 지구를 물려받아 살 것이다.

오늘. 우리는 오늘마다 자각을 해야 한다.

진짜 여행

　일상생활을 잊고 떠나서 다른 세상을 뒤적이다가 돌아오는 도정道程이다. 평상시엔 생활인으로 분주하고 피로하기 때문에 여행은 생활의 휴식 시간이기도 하다.
　나는 누구인가? 삶은 무엇인가? 죽음은 무엇인가? 어떻게 살아야 하는가? 육체와 정신의 가치는 무엇인가? 인생에 정답은 있는가? 인생의 텃밭은 누가 주었는가? 인간의 존엄성은 정말 있는가? 마음이란 무엇인가?……. 무수한 다른 환경과 삶을 보고서 다르게 생각하는 것을 배우고 세심하며 돌아온다.
　사람이 사는 것은 어딜 가나 그게 그거다. 그걸 깨닫기까지 오래, 여러 곳을 여행했다. 사람이란 잘나나 못나나, 부자나 빈자나 거기서 거기다. 다만 사람다운 현자이기를 바라며 현賢이 무엇인가를 알고자 할 뿐, 결국엔 살다 죽을 뿐이다. 그걸 깨닫는 데 한참 걸렸다. 탄생에서 죽음까지의 노정路程에 자기를 알고 인생을 알아 가는 과정이 진짜 여행이다.
　진실로, 오늘 사는 것은 기나긴 진짜 여행의 한 마디일 뿐이다. 무거워하거나 낭비하지 말자. 부러워하거나 탐욕 하지 말자. 다만 오늘이라는 시간의 한 마디를 정갈한 정신으로 살고자 한다.

소요 산책逍遙散策

　소요 산책은 자아를 자유롭게 하는 시간이다.
　멀고 힘들고 단조로운 여행은 그야말로 돈 쓰고 돈 버는 유희에 지나지 않았다. 수선스런 여러 사람들에 둘러싸인 여행은 외형에 치우치고 단조로워 내면의 대화를 찾기가 어렵다. 그래서 나는 가끔, 홀로, 동서남북으로 짧은 소요 산책을 떠난다. 대지와 부딪히는 문명의 바퀴 소리, 산야에 스쳐 가는 천기의 모습, 사람들과 함께 있으나 혼자로 있을 수 있는 시간이 고독과 사색을 준다. 스쳐 가는 창밖 풍경이 그려내는 시詩를 읽으며 일상적 생활의 바깥으로 나와서 과거의 기억과 미래의 나에게 접근한다. 책의 감동적 구절에 밑줄을 긋듯이 인생에 써진 특별한 의미에 동그라미를 그리며 정신에 향수를 뿌린다.
　가족은 혹은 익히 아는 사람은 나를 오래된 가구처럼 생각하지만, 나는 언제나 새로이 거듭나는 나를 지향하는 존재다. 소요 산책 속의 사색이 나를 재창조하게 하는 것이다.
　소요 산책은 사색으로 새로운 자아를 찾아가는 짧은 여행이다.

관광 여행

관광觀光은 그야말로 경치 구경이고, 여행旅行은 한마디로 무리와 함께 돌아다니는 것. 흔히 관광 여행은 여행사의 패키지여행에 동참하는 것.

타이완에 세 차례 관광하고 왔다. 오래 전 세계시인대회 때. 큰언니가 환자가 되기 전에 희희낙락 자매들끼리. 여행사의 패키지 관광객에 끼여서.

박물관, 풍경, 차밭은 그럴싸했다. 관광이란 우선 볼거리가 좋아야 한다. 그 나라의 전통 공연 예술을 관람한다기에 들떴다. 원주민 아미족의 공연 장소는 열악했지만 그러려니 했다.

그런데 아뿔싸! 아미족 공연자들은 어설픈 발음으로 '돌아와요 부산항에'를 유치한 몸짓과 함께 불렀다. 한국인 관광객 몇은 얼싸덜싸 '관광버스 춤'을 추며, 한국인인 것이 무슨 벼슬인 양 호들갑을 떨었다. 그들은 우리를 관광하는지도 모르는데. 아미족은 허접한 기념품을 팔고, 구매 욕구도 없는데 상품 구매처를 돌았다. 관광 가이드의 명령에 따라서.

방문국의 역사 문화 문명을 무시하는, 그야말로 눈을 스쳐 사라지는 관광에 헛되게 돈을 쓰고 시간 낭비를 하고 말았다. 관광 여행은 여행사의 상술에 따라서 구태舊態의 무리에 끼여

외로운 여행을 하는 꼴이었다. 빈손 빈 마음의 홀가분함을 누리기는커녕 무시 당하는 기분이었다.

우리 것과는 다른 풍광과 다양한 인류의 삶을 이해하고 존중하며, 적어도 말로 다 할 수 없는 생명의 신비와 삶의 경이를 체험하는 떠남이 관광 여행이어야 한다.

마지막 여행

친구들과 노닥거리다가 얼결에 엉뚱한 질문이 나왔다.
"여행 가고 싶다. 생애 마지막 여행을 어디로 가고 싶니?"
마지막 여행이라. 마지막으로 가고 싶은 곳이라면 다시는 지금의 자리 - 길들여진 삶의 자리 - 로 돌아오지 않을지도 모르잖은가.
나는 아주 낯선 세계, 낯선 사람들에게로 가고 싶다. 이제까지의 나를 떠나 호기심을 가지고 새로운 경험을 할 수 있는 곳으로 마지막 여행을 가고 싶다.
젊어선 가족과 집을 떠난다는 게 절망이고 두려운 적도 있었지만, 이순 이후엔 스스로 애착과 일을 놓고 해방감을 만끽한다. 더 힘든 내일이 기다릴지라도 잘 이겨낼 것이다. 어차피 인생은 미래를 향해서만 걸어가는 것이니 계속 걸어갈 수 있을 것이다.
인생엔 군데군데 갈림길이 있었다. 한 길밖에 가지 못했다. 이런 저런 이유나 핑계로 선택하지 못한, 가 보지 못한 길로 마지막 여행을 떠나고 싶다.
넌 길 떠나려면 준비할 게 많다. 요즘 나는 죽음을 준비하며, 설레며 기다린다. 어쩌면 나에겐 죽음 길이, 생소하고 벅찬 마지막 여행일 것이다.

꽃시계

어릴 적 친정집 꽃밭에는 사철 푸른 향나무가 철대문 옆에서 자랐다. 한여름 아침에는 키 큰 향나무에 분홍 나팔꽃이 송이송이 열리고, 한겨울 성탄절에는 하얀 십자지등十字紙燈이 걸렸다.

한여름 새벽엔 나른했다. 수돗가와 부엌에선 달그락 달각 그릇 부딪히는 소리, 싸사삭싸사삭 쌀 씻는 소리, 무쇠솥에 쌀을 안치고 채앵 솥뚜껑 덮는 소리, 타다닥타다닥 장작 불타는 소리…… 편안하고 듣기 좋은 새벽 소리들…….

"막내야, 나팔꽃이 나발 부는구나. 어서 일어나라!"

아버지의 목소리를 한 번도 의심한 적 없는 나는 행복한 어린이였다.

검은 쪽마루나 감나무 아래 평상에 앉아 고부라져 숙제를 하는 저녁 무렵.

"선순아, 분꽃이 핀다. 저녁밥 지어야겠구나!"

여름날 내내 장독대 옆 진분홍 분꽃은 저녁밥 지을 때를 알리는 어머니의 예보였다. 분꽃에선 엄마의 코티분 냄새가 났다. 엄마 냄새 엄마 냄새 엄마 냄새 흠흠…….

하루 두 번 피어나던, 곱디고운 친정집의 꽃시계가 그립다.

지금도 나의 아파트 베란다 꽃밭에서, 아침이면 분홍 나팔꽃이 피고, 해 질 녘엔 분꽃이 핀다.

분기奮起하기

대저 때리는 자는 맞는 자의 아픔을 모른다.
제삼자는 뿌리 없는 비판을 잘한다. 맞는 자만 병신이다, 맞는 자는 맞을 만하니 맞는다, 나만 안 맞으면 된다는 둥 비겁한 견해가 대부분이다. 비인격적이다.
강자나 권력자가 약자에게 고통을 가하고 경멸하거나 조롱하지 않을 때 그 사회의 사람은 인간의 존엄성 내지 인격적 품위를 지킬 수 있다.
사회적 약자인 어린이가 성장하는 동안 부모나 어른은 강자다. 어린이가 성장하여 어른이 될 때 부모 세대는 늙은 약자가 된다. 사람은 강자와 약자의 자리에 번갈아 선다. 그게 삶의 순환 이치다.
세월호 참사의 강자와 약자는 누구인가? 강자는 부정한 권력과 재력으로 인격까지 부패한 권력층이고, 약자는 이 나라의 민주 제도와 도덕을 믿고 살아가는 선량한 시민과 보호받을 권리가 있는 학생이다.
세월호 참사는 세계적인 수치요 역사적인 비극이다. 여전히 부조리와 비겁, 비참한 실상을 총체적으로 드러내고 있다. 유병헌은 이 나라의 강자인 종교와 권력층의 부정부패가 길러낸 거대한 육식 공룡이다. 그 멸망할 때가 이르렀다!

모두가 이 나라의 진정한 주인이며 약자인 시민의 고통을 먹고 성장한 강자의 죗값을 약자가 받고 있다.

고통이여, 분기하라.

고통 받는 약자여, 약자를 죽인 썩은 강자를 향하여 분기하라.

문학 유감

문학이 예술인가? 문학이 학문인가? 문학이 권력인가?
어째 한국의 문학이 찌그러진 냄비 같고, 방부제 든 과자 같고, 솜씨 없이 MSG로 맛을 낸 음식점 음식 같다. 왜냐하면 작가가 작가의 권력을 발휘하지 못하기 때문이다.
작가의 권력이란 자유의지대로 문학을 창작하는 것이다. 생색내며 돌려먹는 창작지원금 받기, 구걸하여 상 주고받기, 유유상종 함께 놀기에 안달복달하다 보니 유치하고 부정적인 사례가 비일비재하게 생긴다. 관피아, 교피아, 철피아를 따라서 문피아(문단 마피아)가 판치며 문학을 진정한 독자로부터 소외시킨다.
'책 사 줄까? 영화 볼까? 피자 사 줄까?' 물으면 대부분 '영화 보고 피자 먹겠다!'고 대답한다. 책은 이미 관심의 저 바깥에 있다. 젊을수록 어릴수록 책으로부터 멀어지고 있다. 그들이 하는 말이, 끼리끼리나 읽으란다. 허, 참.
그러나 나는, 치열하게 고른 한 글자 한 단어로 무늬를 짜며 문학을 생산한다. 문학이 예술이라 믿고 예술은, 인간이 할 수 있는 가장 위대하고 진실한 놀이라고 생각하므로.
'폼페이 최후의 날' 전시회에 여러 번 들락거리며 깨달은 것은 '인간의 소유 중에 가장 위대한 유산은 문자와 보석!' 이라는 거였다.

경구 Epigram

 한마디로 심오하고 진실한, 참이 되는 문장. 우리를 공감과 사색, 나아가 덕성으로 인도하는, 인생의 뼈와 피가 되는 한 구절이다.
 이웃의 사람들은 대개 인생에 대하여 아무 분별이 없어도 웃고 말하고 즐겁게 행동한다. 자기 이익을 느끼면 족하는 것이다. 사회적 동물인 인간의 근본적 삶만 생각해도 공존공생하는 인간애 인류애를 숙려해야 함에도 불구하고 말이다.
 그러나 생각하는 사람은 괴로움에서 벗어나려고 행동하고, 고통을 겪는 사람은 고통을 극복하기 위해 행동한다. 그래서 인생을 생각하는 자는 괴롭고 인생을 느끼는 자는 행복하다고 한다.
 1행 단위로 계산하여 기사 원고료를 받는 약 15%의 피지스트(Pigiste. 객원기자)가 있다. 가장 두툼한 보상을 받는 것이다. 비록 제값을 못 받지만, 문학이란 글도 그만한 보상이 되는 한 줄이 문학의 깊이이며, 제대로 된 글이다.
 경구 한 줄 없는 문학은 살코기 한 점 없는 비곗덩어리와 같다.

문학의 반찬

문학은 잡학의 인문화다. 잡학이란 인간과 인간성의 세분화로 문학의 밑천이다.

20세기는 인류사상 가장 급변의 시기였다. 그 결과 현대인은 산업화, 과학화, 문명화, 경제화라는 발전을 이루어 의식주가 엄청나게 변화했다. 생활의 질이 집단적 편향적으로 변화하다 보니 인간성도 편향적으로 쪽박형이 되어가고, 현재엔 그 쪽박마저 깨질 지경이다. 오죽하면 인간성이 부재한 시대라 하겠는가.

현대인은 대부분 불구자不具者거나 환자다. 너무 오래 영양의 불균형으로 살았기 때문이다. 문학을 되찾아 인간성의 향기를 되살려야 하는데 문학도 마찬가지로 빈한貧寒하다. 문학이라는 밥상을 맛있게 받아 먹으려면 여러 가지 반찬이 필수요 요리 솜씨가 필요하다. 굶어 죽는 시대가 아니라서인지 맨밥을 먹기는 지겹고 짜증나고 힘든다.

본디 반찬은 여러 재료로 다양하고 변화 있게 골고루 마련해야 한다. 문학의 반찬은 여타 예술, 산업, 정치, 경제, 과학, 체육, 자연, 기타 등등에 대한 재료로 특별하고 새롭게 요리되어야 한다. 문학은 잡학의 통섭이다.

기억력

　세상 만물과 지속적인 관계를 유지하기 위해 가장 필요한 두뇌의 기능이 기억력이다.
　어머니 얼굴을 기억하지 못하고 친구의 이름을 기억하지 못하면 사랑의 관계란 없다. 지나간 기억이 하나도 없으면 뿌리 없는 나무와 같으며, 뿌리 없는 오늘은 이미 쓰러진 나무와 같다.
　어느 때부터인가, 기억력 감퇴를 두려워하고 있다. 특히 수많은 명사―과거 속 인물 이름, 책 이름, 영화나 미술품과 악곡의 작품명, 추억 속의 지명과 식물명―가 까마득히 잊히고 있다. 잠시 말을 자르면 말의 맥락을 잃는다. 수학을 명석하게 잘했건만 숫자로 된 기억은 거의 가물가물하다. 딸애의 스마트폰 번호나 자동차의 번호도 외고 있지 못하다. 이러다간 사회가 돌아가는 꼴에 대하여 점점 무심해질까 두렵다. 기억하는 게 없어 이 사회의 현실 현상을 외면한다면 비겁한 지성인이 될 것이고 무지無知한 행복의 돼지가 될 것이다. 공권력자의 불의, 부정, 이기심, 배금 제일주의가 공공의 적인데 그것에 분노하거나 개선 의지조차 잊을까 봐 두렵다. 위험이 오면 땅에 고갤 처박고 아무것도 보지 않는 꿩처럼 비겁해질까 걱정이다.
　날마다 세상의 뉴스를 기억하기 위해 TV를 켠다. 세상 현실과 관계를 유지하기 위해서다.

기부寄附

　공공의 일이나 남을 돕기 위하여 물질이나 재능, 봉사를 나누어 주는 것. 나에게 기부와 give는 가장 즐거운 행위다.
　어려서부터 나는 큰 기부를 하는 사람이 되고 싶었다. 주기를 좋아해서 간난하게 살까 싶다고 부모에게서 걱정을 들었다. 아침에 부자 주머니라도 저녁이면 빈 주머니 주인이라고 염려하셨다. 그래서 배운 것이 재물의 '4·4·2법'이다. 수입의 4는 가정 살림 몫, 4는 이웃과 나누는 몫, 2는 노년을 위해 저축하는 몫이다. 깜냥대로 실천했다.
　소시민으로 살 수밖에 없어 이따금 서글펐다. 그렇다고 서글픔만 되씹고 있을 수 없었다. 내 가난한 오른손에 작은 것을 쥐고 더 힘들어 보이는 남의 왼손에 살짝 쥐여 주었다. 먹을거리, 옷가지, 책, 용돈, 교육비, 문화비, 각종 의연금과 뜻 있는 두레 비용들…… 나눌 것은 의외로 많았다. 줄 것은 참으로 많았다. 시골길을 돌아다니다가 외로운 사람들과 나누는 맛은 그야말로 사람 사는 맛이다. 그렇게 인색 떨지 않고 살아도, 부정不正하지 않고, 구걸하지 않고, 도적질하지 않고 살았다. 나는 노년을 대비한 적은 저축으로 살아가고 있다.
　탐욕으로 다 쓰지 못하고 갈 재물에 아등바등하며 비굴하게 사는 것보다 작은 나눔이라도 실천하고 살아야 제대로 사는 것이다.

시집詩集

　무릇 인생의 전위 사상이다.

　시는 과거를 통찰하여 과거를 읊조리는 것이 아니라 미래를 힘들여 여는 사상이기 때문이다. 과거라는 뿌리를 통해 길어 올린 수액으로 싱싱한 사유의 방향과 방법의 새 가치를 여기, 지금에 벋어내는 일이기 때문이다. 미래의 맨 앞에서 그렇게 시작하도록 이끌기 때문이다.

　인간과 인생이 자본과 문명 기술의 도구로 전락한 황폐한 시대에 닿아 가지만, 시인은 아직도 인간에게 인간애가 있는 인생을 꾸리게 해 달라고 외치는 전위前衛의 사람이다. 그 외침의 가락을 모아 엮은 것이 시집이다.

　현대인은 삶을 수행하여 자기를 아는 자가 아니라 무리 지어 떠나는, 단지 남의 허물 껍데기나 관광하는 행락객에 지나지 않는다. 현대인은 자본을 위한 소모품이다. 그러한 각성을 하는 예지자가 시인이다.

　시집은, 시인의 사유의 집 한 칸이다.

고해성사

1등을 꿈꾸는 사람은 현명하지 못하다. 단언컨대 싯다르타나 큰 바위 얼굴, 성철 스님이나 김수환 추기경도 1등을 꿈꾼 적이 없을 것이다. 그들은 1등을 꿈꾼 것이 아니라 인생을 제대로 알고자 살아 있는 날까지 스스로 수행修行했을 뿐이다.

일등으로 잘 썼다는 평을 들으려 글을 쓰는 게 아니다. 생의 값이 없이 사는 것이 괴롭고 슬프고 억울해서 쓴다. 남 따라서 사느라고 내 덕성과 각覺을 포기할 수 없기 때문이다.

생각하는 법을 배우려 소요 산책을 하고, 각종 전시회, 연주회에 자주 간다. 색 점 선이 이상 세계를 꿈꾸자 하고 음색 고저장단의 선율이 지상 천상을 알자 한다. 구체적 생활 위에 이상적 추상적 세계를 연다. 그림과 음악은 예술가의 고백성사다. 그 모두 수행정진의 단면들이다.

진정한 글은 문인의 수행정진을 고해성사한 것이다.

철학

철학은 일종의 극복 정신이다. 혹독한 절망 속에서도 오히려 인간의 자존심과 참된 삶을 원하는 것이 진정한 철학이기 때문이다. 오죽하면 천국 곧 행복한 삶에 철학은 없지만, 천국−행복한 삶으로 가기 위해서 철학은 필요하다 할까.

철학은 나로 하여금 절망, 고난, 번뇌를 극복하는 길을 사유케 하며 내가 할 수 있는 일, 해야만 하는 일을 깨닫게 했다. 그리하여 허방에서 허우적이던 내게 삶을 견디어내게 하는 원동력을 주었다.

이따금 나는 철학적 유머를 되씹는다.

탈레스가 별을 보며 걷다가 우물에 빠졌다. 하녀 트라케가 "별을 보는 데는 열심이면서 제 발치의 것도 알지 못하는군!" 했단다. 소크라테스는 크산티페 한 여자도 만족시키지 못한 남자지만, 인류 역사상 4대 성인聖人에 오른 스승이다.

인생 철학이란 이런 것이다.

좀비 인간

영혼을 잃은 무기력한 사람을 좀비(zombie)라 한다.

현대인은 이미 만족 없이 노예처럼 노동하는 인간이라고 자조적으로 인정하고 있다.

우울하고 병적인 활동가들의 비인격적 행태. 편집증적인 전문가들의 성적 쾌락과 탐닉 행위. 자기 존재와 타인을 멸시하는 현상. 격랑처럼 밀어닥치는 볼거리, 천박한 말장난, 훈계성의 떠돌이 말. 이런 실낙원에서 현대인은 동분서주하고 있다.

제발, 도저히 낙관할 수 없는 이 시대의 현실을 각성해야 한다. 똑똑한 계층의 사람일수록 노동(일)에 얽매여 일의 노예로 산다. 부자는 각종 부富의 산물의 노예로 산다. 애지중지 자식을 길러 무감각한 세습 자본가나 자본 만능주의자에게 좀비로 바치고 싶지 않다.

일찍이 니체는 말했다. "하루의 2/3를 자기 마음대로 쓰지 못하는 사람은 노예다."라고. 8시간은 생활 또는 생계를 위해 일하지만, 16시간은 인간이고자 하는 삶을 살아야 한다는 뜻이다. 현대인에게 가장 부족한 것은 고요의 시간이다. 신의 소리, 자기 발견의 소리를 듣는 시간이 절대적으로 필요하다.

스스로를 능력가로 착각하는 좀비로 살고 싶지 않다.

보리와 쌀

"보리는 익으면서 까끄라기를 빳빳이 세우고 잘난 체하지만 벼는 익을수록 고개를 깊이 숙이지. 사람이 쌀 같아야 해."

가난과 여름 양식의 상징인 보리는 11월에 파종하여 농부도 잘 돌보지 않는 냉한의 땅에서 제멋대로 겨울을 나고 보릿고개 철에 거둔다. 보리와 보리 사촌인 밀은 해가 긴긴 여름에 먹는 값싼 곡물이었다.

한국인과 동양인의 대부분이 살아 있는 한 먹어야 하는 주식인 쌀은 농부의 정성과 근면으로 생산된다. 88번의 손길과 농부의 발소리를 듣고 자란다는 쌀은 고개를 숙이며 알지게 영근다. 쌀은 생명의 기본 에너지고 활력소다. 요지가지 다 먹으면서도 '그래도 밥을 먹어야지!' 하지 않는가.

"보리 같은 사람을 조심해야 혀. 인빈人貧이면 지단智斷이랬어."

공력이 많이 드는 쌀은 생로병사 일생에 동반자다. 어릴 적 초상치레 과정에서 돌아가신 분의 입 안에 쌀을 가득 물려 주는 걸 보았다. 저 머나먼 길, 다시는 돌아오지 못할 저승길을 갈 때의 노자路資라 했다.

일평생 동행할 수 있는 사람은 쌀 같은 사람이다.

엄지 자식

　자식 사랑을 말할 때 흔히 '열 손가락 깨물어 안 아픈 손가락 없다'고 한다. 부모는 여러 자식을 두루 사랑한다는 뜻이다. 부모 마음이사 그럴 것이다.
　살다 보니 더 소중하고 몫이 큰 손가락이 있는 걸 알았다. 친구 중에 새끼손가락이 잘린 사람도 있고 검지 끝마디가 절단된 스님도 있다. 그런대로 손을 잘 쓰고 있다.
　내 손가락 마디마디는 류머티즘 관절염으로 통증을 앓고 있다. 특히 엄지의 통증은 살인적이었다. 문고리를 잡고 돌리다가 그대로 굽어져 펴지지 않는 엄지의 통증은 머리를 바늘로 찌르는 듯 눈물을 찔끔거리게 했다. 연필을 제대로 쥘 수 없어, 눈이 심히 불편한데도 결국 컴퓨터에 굴복했다. 손가락도 나름대로 하는 몫이 제각각인 걸 알게 되었다.
　검지, 장지, 약지, 소지는 한 개를 잃어도 장애 등급을 받지 못한다. 4개 모두를 잃었을 때 장애를 인정한다. 그러나 엄지는 다른 4개와 같은 몫을 한다. 연습해 보고 그 까닭을 바로 느낄 수 있었다.
　바로 그 손가락의 가치처럼 자식의 값이 다르다. 부모가 죽음의 문턱으로 가엾이 걸어갈 때, 효 하는 자식은 엄지다. 부모는 자식의 불효를 기를 쓰고 덮지만 엄지 자식이 없는 부모는 비참하다.

부富

　재물이 많음. 물질의 행운이 있는 것.
　흔히 부富에 관심 있는 게 아니라 부자에 관심이 많다. 부富라는 한자를 잘 보면 집안에 하나의 큰 입이 여러 개의 작은 입을 거느리고 있다. 부자란 본디 여러 입을 거두는 일 곧 여러 입을 먹여 살리는 것이란 의미다.
　많이 벌었다고 자랑하는 일은 제 건물 짓고 저금통장에 숫자 커졌다고 떠벌리는 일이 아니다. 감옥을 짓고 홀로 노는 부자보다 허름한 집의 문을 열어두고 오가는 여러 입과 나눠 먹는 자가 진짜 부자다. 알짜배기 부자다. 천국 혹은 극락을 짓는 현명한 부자이기 때문이다.
　세계3대 부자는 자본왕국의 사람들인 빌 게이츠, 워렌 버핏, 카를로스 슬림이다. 이들은 지혜로운 부자다. 자기 일과 삶에 행복도가 높아서 건강하게 장수할 것이다. 이런 부자를 나는 좋아한다.
　인빈지단人貧知短. 가난하면 지식 지혜가 짧을 수밖에 없다고 한다. 그래서 빈자가 싫지만, 어리석은 부자는 더 싫다. 빈자는 도와주고라도 싶지만 부자의 교만은 꼴보기 싫다. 크게 부를 모아 쓸모없는 곳에 가치 없이 쓰라고 기부하느니보다 가까이에 있는 조금 부족한 자들과 나눌 만한 부를 가진 것이 좋다. 서로에게 공덕功德을 짓게 할 만큼의 부가 선하다.

인정認定

　느티나무의 어린 싹을 보았다. 작디작은 콩의 떡잎만 한 새싹이 이쑤시개만 한 줄기에 두 개의 본잎을 달기까지 일 년이 걸린다. 그 어리디어리고 작디작은 나무가 한여름 불볕과 가뭄이나 장마철을 견디고, 한겨울의 눈바람과 냉기를 이겨내어야 생명을 유지할 수 있다. 고 작은 느티나무에겐 혹독하고 기막힌 시련이 아닐 수 없다. 그렇게 사계의 변화를 십여 년 견디고 이겨내야 비로소 한 그루 젊은 느티나무가 된다. 그렇게 수십 년 수백 년을 살아내고 살아낸 우람한 느티나무는 마을의 당산나무가 되고 정자나무가 되고 쉼터가 된다. 벌레와 새들이 쉬어 가고 그 아래 사람이 쉰다.
　강아지풀은 초록 바늘 같은 새싹을 틔워 금세 후딱후딱 외떡잎 잎을 시원스레 올리며 쑥쑥 자란다. 여름날이면 털보숭이 꽃을 간당간당 흔들며, 바람으로 무주 공간에 시를 쓴다. 어느새 가을날. 초록을 여의고 노리끼리하게 단풍 들어 스르르 삭아 버린다. 그동안 갓난아기 느티나무는 다른 풀잎들에 휘덮여 햇빛 한 모금도 제대로 받아먹지 못한 채 살아남는다.
　어린 느티나무가 강아지풀의 성장을 부러워하지 않는다. 자기는 느티나무니까. 강아지풀은 느티나무처럼 살기를 바라지 않는다. 자기는 강아지풀이니까 강아지풀답게 살 뿐이다.
　어떤 환경 어떤 조건에서도 제 이름대로 제 삶을, 최선을 다해 산다.

오늘 지금

　오늘 지금은 생애 최고의 시간.
　오늘 지금, 햇빛 아래 저 풀잎들 푸르고 전주천 시냇물이 하늘빛에 물들어 누워 있고 아무 근심 없이 나, 오도마니 고요하다.
　오늘 지금, 지나간 날의 고난과 시련 실바람에 실리어 가고, 폭풍처럼 장맛비처럼 몰아치던 슬픔과 아픔의 나, 청천에 흰 구름처럼 흘려 보낸다.
　오늘 지금, 어릴 적 꾸던 꿈 얼마나 이뤘을까, 꿈의 정점이 아닐지라도 꿈꾸며 걷네. 저 높은 곳을 향하여 꿈이 없이는 나, 하루도 견뎌낼 수 없다.
　오늘 지금, 아무 절망 없이 아무 괴롬 없이 아무 환희 없이 아무 여한 없이 아무 미련 없이 나, 평강 평안의 길을 걷고 있다.
　오늘 지금, 끼니마다 감사히 밥을 먹고 물끄러미 과거를 바양하고 아무 욕심 없이 나, 내일을 마중한다. 한낮이 지나가고 밤이 오듯이 내일이 그렇게 오고 가리라. 생이 오고 가고 나, 물끄러미 바라본다.
　오늘 지금, 생애에서 가장 지혜롭다.

제 2 부

수필은 인생 전반에 걸친 다양한 어휘와 언어의 직조능력과 문법실력이 잘 드러나는, 현대인에게 가장 적합한 이상적인 장르다. 얼굴만이 아니라 사지육신 전부를 알고 정신세계와 영혼의 기운까지 알고서 비로소 사람을 안다고 말할 수 있는, 사색思索의 문학이다.

빛

성경 창세기 1장의 말을 나는 참 좋아한다. "태초에 흑암이 있었다. 빛이 있으라 하니 빛과 어둠이 생겼다."

빛이 있으라 했다는 그 말! 나는 시련고난의 흑암이 덮칠 때마다 스스로에게 말했다. "빛이 있으라!"고. 또 하루를 살아갈 일이 두려운 아침마다 희망의 언어를 선택하여 스스로에게 말했다. "빛이 있으라!"고. 나는 빛 속으로 걸어 나갔고 빛 속에서 당당하게 할 수 있는 일만 선택했다. 인생의 흑암 수렁에서 허덕이는 것은 끔찍했으므로.

'빛'이라는 단어는 내 인생에 가장 위대한 지팡이였다. 빛을 바라보며 걷는 것은 두려움을 떨치게 했다.

아직 인생길이 남아있다. 어떤 난관에 부딪칠지 모르나 나는 빛을 위하여 전등을 켜거나 하다못해 성냥불이라도 켜려고 노력할 것이다.

빛은 생명이고 삶 자체다. 빛이 없으면 지구 자연도 없단다.

베갯잇지갑

생각할수록 우리 아버진 멋진 아버지다. 멋진 남자다. 멋진 인간이다.

왜정말기 중앙청의 농림부 공무원으로, 국가대표 야구팀 코린korin의 좌안투수 김상현 님.

밤늦어 술에 얼큰한 귀가를 할 적이면 "정휴당! 불러도 대답 없는 이름이여, 부르다가 내가 죽을 이름이여."를 읊으셨으니 아버진 시인 같았다. 시인묵객이 주안상에 둘러앉아 고담활론을 하시는 밤엔 행복했다. 그런 날밤엔 막내딸의 용돈지갑이 두둑해지곤 했다. 나는 그 행복한 빚을 갚고 싶었다.

1980년대 초반, 아버진 환갑을 겨우 지나고 폐암으로 드러누우셨다. 매주 토요일 상경하여 아버지의 몸과 밥상음식을 돌보며 10개월이 지나자 아버진 일어나 앉으셨다. 회복하여 만 6년을 더 사셨다. 그때 나는 매주 아버지의 '베갯잇지갑'에 빠닥거리는 신권 지폐 10만 원을 어김없이 채워드렸다. 평생, 주는 일을 가장 행복해하신 아버지의 지갑을 그렇게라도 채워드리는 것이 내가 돌려드리는 아버지에 대한 사랑이었다.

어머니도 6년간 병상에 누워 사셨다. 어머니는 2000년대 노인. 베갯잇 속에 수시로 채워드리는 새 돈 30만 원은 늙은 어머니의 보약 같은 힘이었다.

세상에서 내가 쓴 돈 중에 가장 잘 쓴 돈이었다.

죽음

　내가 알던 사람이, 나를 알던 사람이 간다, 저승으로. 새로운 인연을 맺기 어려운 나이에 세월의 마디마디 골짜기를 함께 건너온 친지들이 간다, 다시 못 돌아올 곳으로. 극락인지 천국인지, 지옥인지 나락인지 그 어디인가로, 날 두고 혼자서 간다.
　오랜만에 어떤 이를 만나서 세월의 뒤안길에서 잠시 동행했던 사람의 죽음소식을 듣는다. 남의 죽음은 이내 잊히고 만다, 머리에서 가슴에서. 그것이 나이듦의 무정함인가 인연의 무상함인가. 그 누가 영영 떠났다는데 몹시 애석하지도 외로워지지도 않는다. 마더 테레사가 소천하실 때에나 성철스님이 입적하실 때에도 눈물이 주르르 흘렀는데.
　이제 누구의 죽음을 통탄하고 애석해할까? 그럴 만한 사람이 없는 것 아닌가? 정을 끊지 못할 인연이 없는가? 그래도 세월호의 아이들 때문에는 죽죽 울었다. 분노, 비탄, 죄스러움에 차서 말이다. 아마도 그들은 죽음 문턱에 다다르지 못한 나이인데 죽음에게 인생을 빼앗겼기 때문일 것이다.
　어머니가 죽음의 진면목을 생생하게 보여주셨다. 생로병사 과정을 거의 순리대로 겪고 가신 어머니의 죽음 이후로 죽음이 나의 뒷덜미 가까이에 있음을 느낀다. 나이든다는 것은 점점 죽음과 친해져간다는 것인가 보다.

인간교육

인간을 인간답게 그 인격과 덕성을 길러가는 일. 살아있는 한 지속되고 갱신되어야 하는 게 인간교육이다.

인간교육의 최고방법은 문해文解교육이다. 문해교육이란 이데올로기(사상思想, 사고思考)의 재생산이며 동시에 이데올로기에서 벗어나는 수단이다. 하나의 이데올로기는 문해교육의 과정에서 뒤죽박죽 아노미상태를 거치며 미래적으로 발전 성장한다. 곧 인간이 성장 발전하는 과정이나 마찬가지다.

나의 본질을 알고자 하면 오랜 동안 인간의 본질을 찾아 공부할 수밖에 없다. 세계를 읽고 역사와 인류를 읽어야 한다. 음악, 미술, 영화는 다양한 인간을 읽는 방법이었다. 그렇게 스스로 문해교육을 하며 나는 지금에 이르렀다. 스스로 내 인생의 문화와 윤리의 척도를 가질 수 있게 된 것이다.

인간교육은 끊임없는 문해교육이다.

기다림

 네가 무척 보고 싶다. 무엇을 꼭 이루고 싶다. 두 문장은 동의어다.
 네가 보고 싶어서 나는 무작정 걸었다. 네가 보고 싶어서 나는 아무 곳으로나 가는 버스를 탔다. 네가 보고 싶어서 한나절 저물도록 숲속에 앉아 있었다. 네가 보고 싶어서 망망히 하늘을 바라보았다. 네가 보고 싶어서 풀꽃이 아름답다고 생각했다. 네가 보고 싶어서 나는 밥을 먹고 기운을 차렸다.
 보고 싶다는 것은 그립다는 것이고, 그립다는 것은 한없이 기다린다는 것이다. 그렇게 누군가도 나를 기다려주면 좋겠다.
 기다림은 분홍색 소망이고 꿈이다. 기다림은 천국처럼 반드시 이루어지지 않아도 괜찮다. 기다림은 살아가는 힘이고 지친 발걸음을 끌고 가는 지팡이다.

손

 손은 제2의 두뇌다.
 시문詩文은 두뇌에서 발상하여 손으로 완성된다. 손으로 쓰지 않은 글은 읽히는 글이 될 수 없다.
 발레리는 손을 철학자라고 했다. 철학은 두뇌로 하여 손으로 써서 철학이 완성되기 때문이다. 로댕의 조각상 '생각하는 사람'에서 턱을 받치고 있는 그 손이 바로 '생각하는'을 표현한다고 한다. 손은 두뇌 곧 사고思考를 발현하는 명기名器다.
 흔히 예술을 하는 손은 오랜 훈련이 필요하다. 감정이입과 두뇌전달이 잘 훈련된 손은 결정한 것을 넘어서서 새로운 것을 찾아낸다. 바이올린이나 피아노를 연주할 때 연주가의 혼을 손이 드러낸다는 것이다. 마찬가지로 글을 쓰는 손도 작가의 감성과 지성이 이입되어 줄줄이 쓴다는 것이다. 이 상태가 붓 가는 대로 쓰는 경지다. 수련이 짧고, 감정의 빛깔이 없고, 사유 철학이 빈곤한 글은 어린이의 글자익힘 연습에 불과하다. 깊은 사고성찰과 상상을 내포하는 손이 문학적이고 미학적인 글을 생산한다.
 손은 위대한 예술표현의 도구다.

삶

삶은 무엇인가?

매일 물어도 정답을 얻지 못한다.

수없이 다양한 답을 해도 그것들은 온전하고 완벽한 정답이 아니다. 아르키메데스의 수 파이＝π처럼.

다만 삶은 견뎌내는 것이다.

오랫동안 지고지순을 꿈꾸면서 진흙탕과 수렁이 함정처럼 움푹짐푹 놓여있는 길을 걸어왔다. 힘이 들고 괴롭고 아팠지만 견디어야 했다. 그게 사는 일이고, 시간은 미래로 흐르기 때문에 정지할 수 없었다. 고난만이 아니라 기쁨이나 슬픔도 잠시 지나가는 시간 속에 있었고 견디어왔다. 인류역사 내내 인간은 그렇게 살아왔고 지금도 그 내림대로 살아가고 있다. 삶을 안다는 것은 삶에 성숙한다는 것. 이제도 매일 묻는다.

삶은 무엇인가?

삶은 오늘을 견뎌내는 것이다!

악연이 스승

악연이 스승인연이 되어 내가 제대로 살고 있다.

부모슬하를 떠나 진정한 성인으로 사는 계기가 결혼이다. '나'라는 한 여자가 한 남자와 산 시간을 그대로 이야기하면 하나뿐인 자식의 아버지를 흉보고 욕하는 것밖에 안 된다. 난 인생의 한때를 죽을힘 다해 도려내버렸다. 한동안 생살에서 피가 줄줄 흘렀다. 썩기 시작한 사과의 상한 부분을 도려내려면 생살까지 도려내야 하는 법. 다 썩어 일말의 가망조차 사라지기 전에 말이다.

정말로 살기가 싫었을 때 자살을 간절히 원하고 시도했다. 죽음에게 걷어차였다. 아마 지독한 의식의 각성 덕분이었다. 그때부터 삶과 운명은 동의어가 되고 살아야 하는 것은 숙명이 되었다.

모든 것이 내 감정, 내 사상, 내 의지와 상관없이 저질러진 가해의 현실에서 자살만은 내 의지로 내가 선택하여 행동할 수 있는 자유의지였다. 나는 내 인생에게 가해지는 갖가지 폭력을 골탕 먹이고 싶었다. 그러나 그 폭력의 악연은 평생 조심스레 살도록 가르쳐주었다.

인생은 악연의 시련을 겪어 보아야 조금씩 성장한다.

시詩

　시詩는 토하고 싶은 말을 맘껏 토하는 게 아니라 심상이미지의 미덕을 통해 강조하는 진실 또는 진정성이다. 시는 산문의 뛰어난 응축이다. 문학의 에피그램이다.
　시는 상당히 순간적인 영감의 포박이다. 아무 때나 혹은 날마다 짧게 긁어낼 수 있는 것이 절대 아니다. 한 순간의 영감을 사고하여 심상을 그리되, 설명이 아니라 이미지로 그린다. 시는 시인의 사고의 결정체다. 시 자체가 사고하지는 못한다.
　현재 세계는 디지털의 혁명으로 영상과 토막언어를 통한 이미지가 난무하고 남발되는 시대다. 아무나의 말이 누구에게나 떠돌아다니며, 누구나의 도용된 언어가 언어유희의 숲을 흔들어대고 있다. 그러나 절대 잊지 말아야 한다. 인간은 시의 언어를 통해 인간과 자연을 사고思考 사유思惟하는 것이 유효한, 유일한 존재다. 인간이 존속되는 한 시는 존속될 것이다.
　시는 영원한 사고며, 인간이 표현하고 기억하는 가장 뛰어난 이미지다.

수필

　작가가 비교적 유유자적한 언어공간을 이용한 글로 사유의 퇴적물이며 토사吐辭다. 수필은 인생 전반에 걸친 다양한 어휘와 언어의 직조능력과 문법실력이 잘 드러나는, 현대인에게 가장 적합한 이상적인 장르다. 얼굴만이 아니라 사지육신 전부를 알고 정신세계와 영혼의 기운까지 알고서 비로소 사람을 안다고 말할 수 있는, 사색思索의 문학이다.
　수필은 시인의 사고능력과 언어실력을 알아볼 수 있는 시험지다. 수필을 쓰게 하면 진짜 문인으로서의 미덕과 자질을 알 수 있다. 수필은 다양한 어휘와 문법과 언어의 직조능력이 잘 드러나기 때문이다.
　21세기 최상의 문학장르 수필. 수필을 통해 개인사가 아니라 한 작가의 정신과 영혼이 퇴적된 문학을 읽고 싶다. 21세기 인간인 우리 자신과 마주하는 글을 읽고 싶다.
　수필은 심오한 인생을 표현하는 새로운 시도로 탄생됐다. 수필가는 거듭나기 위해, 과거 위에서 재탄생하기 위해 수필을 쓴다.

꽃

꽃. 꽃이 핀다는 것은 사랑이 열린다는 것이다.

꽃은 식물의 사랑이 찬란하게 만개한 증거. 꽃나무의 세포 하나하나, 촉수 하나하나, 섬모 하나하나가 일심으로 힘을 합쳐 꿈틀꿈틀 일어서는 일이다. 꽃은 슬프도록 아름답다. 꽃피기까지의 길고 힘든 고난이 괴로울 만큼 숭고하다. 꽃이 피면 나의 몸이 근질근질 설렌다. 꽃처럼 온힘을 다해 살고 싶어진다.

날마다 봄이 걸어오고 있다. 천지사방에 꽃밭이 일어서고, 꽃나무가 꽃망울을 부풀리다가, 꽃내음을 풍기며 꽃바람을 흔든다. 꽃은 향기롭고 싱그럽고 유쾌하다.

꽃에 아침햇살이 내린다. 삶의 생기로운 축복이다.

꽃에 저녁노을이 앉는다. 삶의 무한한 감사기도다. 빛의 갈기 빛의 더듬이에 따라서 꽃의 색깔은 황홀하게 비친다.

사랑은 이렇게 천 개의 사랑으로 다가온다. 착각, 환상, 착시, 잔상도 꽃이 주는 사랑일진대 그 무엇이래도 좋다. 무슨 꽃이든 아름답게 바라보듯이, 사랑한다는 건 그대의 인식의 창을 아름답게 이해한다는 것이다.

인생의 꽃은 사랑이다.

순리順理

    삶의 행위는 순리에 따라 이루어지면 좋겠다.
    한겨울에도 내내 우리 집에선 꽃이 피고 핀다. 파피오 페딜렘, 풍노초, 은목서, 보세란, 쿠라사비카, 매화가 피고 진다.
    나는 한 번도 그들에게 꽃을 피우라고 명령하거나 부탁한 적이 없다. 그들에게 율법이나 규칙을 적용 내지 강요하지도 않고, 물과 거름을 주어 돌보았으니 보은하라고 한 적도 없다.
    꽃들은 스스로 그냥 피었다. 그리고 나는 그 꽃의 아름다운 절정에 감탄하고 감동한다. 왜냐하면 춥거나 말거나 그 꽃들은 자기 생명의 순리에 따라 살기 때문이다. 자연은 자연하다.
    사람도 순리에 따라 살면 크게 어그러짐이 없으리라. 사람도 자연물이니까 자연의 순리를 좇아 살면 족하리라.

심지 心地

사람의 마음밭이다.

마음밭은 말의 씨를 심는 곳이다. 말은 생각이니 생각을 가꾸는 곳이다. 흔히 마음이 어디 있느냐? 질문하라 하고, 마음을 내어 보이라! 허세를 부리기도 한다. 그러나 인생은 마음의 동요에 따라 물결치고 흘러간다. 내 마음을 고요히 지키면 내 삶이 고요하다. 세상 따라 요동칠 거 없다.

내 마음밭에는 '아가'라는 말이 심어져 있다. '아가'라는 말은 사랑스럽다, 순결하다, 천진무구하다는 말의 피가 담겨 있다. 지금은 "아가!"라고 불러줄 이가 없어서 다시는 그 말의 피가 돌지 않는다. 어머니는 선서仙逝하실 때까지 이순耳順의 나를 "아가!"라고 부르셨다. 그런데 이제 나를 '아가'로 부르는 사람이 없다.

심지에 좋은 말의 씨를 심어주고 믿어주는 사람이 없으면 황폐한 묵정밭이 된다.

이제, 내가 늙었기 다행이다.

음식

육체와 정신에 영양과 기氣를 주는 먹을거리다.

생명이 있는 존재는 모두 먹을거리를 먹어야 생명을 유지한다. 개도 닭도, 잉꼬도 십자매도, 나비도 장구벌레도, 집없는달팽이도 등애도 먹어야 살아간다.

이따금 밥을 먹으며 생각한다. 이 음식을 먹고 무엇을 만들까?

하반영 화백은 그림을 그리고, 윤재천 선생은 수필을 쓰고, 김오성 선생은 조각작품을 짓는다. 조수미 성악가는 아름다운 목소리를 가꾸고, 발레리나 강수지는 몸짓의 최상언어를 그려낸다. 와, 음식의 힘은 위대하다.

범죄자는 범죄를 저지르고 부정부패한 사람은 저질의 술수를 쓴다. 음식의 힘은 사람에 따라 다르게 나타난다.

그러고도 남은 것이 똥. 똥은 더러운 죄가 없다. 스스로 낮아지고 겸손히 물러나 지수화풍으로 돌아갈 줄을 안다. 대지의 양분으로 환원된다.

음식은 좋고 나쁘고, 옳고 그른 것이 없다. 사람에 달려 있다.

혼자

오직 하나의 존재를 나타내는 명사 혹은 부사. 홀로.

이 세상에 태어나면서부터 모두가 혼자다. 갓난아기가 스스로 살 능력이 없어서 비록 어머니의 도움을 빌어서 살지라도 숨 쉬고 소화하고 배설하는 일 모두 혼자서 해야 한다. 산다는 것은 이렇게 혼자 하는 생명운동이다. 이 깨달음이 절대고독이다.

혼자. 산다는 건 결국 혼자 힘으로 혼자의 길을 개척해가는 것이다. 두려워할 일이 아니다. 어려워할 일도 아니다. 슬퍼할 일은 더더구나 아니다.

내가 혼자라는 걸 절감하고 자각하므로 인간의 고독을 이해한다. 그리하여 타인에게 우애를 나눈다. 인생길에 홀로인 사람끼리 잠시 동행하는 것이다.

외로워하지 말자. 꽃잎이 꽃잎을 버리듯이, 나뭇잎이 나뭇잎을 여의듯이 사람은 사람을 버리고 결국 혼자 가는 것이다.

말장난

장난 중에 고단수의 장난. 지식과 유머감과 냉소주의가 결합된 말놀이.

장난이란 사람을 여러 가지로 즐겁게 한다. 그만큼 장난의 종류도 다양하다. 그중에 언어로 사고하고 표현하는 인간의 장난 중에 최고는 역시 말장난이다. 말장난이란 입말장난과 글말장난이 있다. 글말장난은 고단수다.

쓰레기는 몹쓸 것, 상하거나 썩은 것, 필요가치 없는 것을 버린 것이다. 그 쓰레기 중에 돌연변이로 태어난 것이 기자＋쓰레기의 합성어 '기레기'다. 가시 있는 말장난이다.

알량꼴량한 철밥통 공레기＝공무원＋쓰레기. 자존심도 쥐뿔도 없는 문레기＝문인＋쓰레기. 개도 안 물어갈 정레기＝정치가＋쓰레기. 죽도 밥도 못되는 교레기＝교육자＋쓰레기. 상놈이 칼자루 쥔 검레기＝검찰인＋쓰레기. 천방지축 날뛰는 경레기＝경제인＋쓰레기.

이런 말장난에 고개 끄덕이는 세상이어서야 되겠는가요!

친구

우정을 나누는 사이. 흔히 오래 사귀어 쓸개, 간 빼어줄 듯 가까운 관계.

그의 친구를 보라. 그의 인격을 알 수 있다. 그의 친구를 보라. 그의 덕성을 알 수 있다.

진실로 친구란, 기쁨과 슬픔보다도 괴로움과 외로움을 함께할 수 있는 낯익은 관계다. 너와 나를 차별하지 않고 상통하는 마음의 관계다. 친구 사이에 이해하지 못할 게 무어겠는가. 친구가 기뻐서 내가 행복하고, 친구가 괴로워서 내 마음이 쓰디쓰다. 이런 마음씀이 우정-친구 사이의 애정이다. 예의와 이해와 존중이 우애의 자양분이다. 우애가 삶에서 얼마나 귀중한 정신이면, '부모형제간에도 우애하라'고 현자들이 가르쳤겠는가.

친구같이 소통하던 아버지와 어머니가 계셔서 나는 행복했다. 친구 같은 형제가 있어야 삶이 외롭지 않다. 친구 같은 자녀가 있어야 괴롭지 않다.

사람이 자연물이므로 세상의 가장 좋은 친구는 자연이다. 친구를 알면 인생길을 잘 걸어갈 수 있다. 안다는 것의 궁극은 깨달음이다.

나의 피그말리온

내 인생의 피그말리온효과를 가끔씩 생각해 본다.
키프로스의 왕 피그말리온은 여인의 난잡함을 혐오한 독신주의자다. 그가 스스로 만든 상아조각상 '갈라테이아'에 매혹해 조각상을 아내로 삼기를 소원한다. 아프로디테축제일에 간절한 소원을 간구한 그가 '갈라테이아'에 입맞춤을 하자 조각상은 온몸에 생기가 돌아 여인으로 변신한다. 둘은 결혼하여 딸 파포스를 낳았다. 이처럼 간절하고 끊임없는 사랑, 헌신, 기대, 믿음이 현실화하는 현상을 피그말리온효과라 한다.
나는 시를 짓고 수필을 쓴다. 진력하듯이 최선을 다하여 짓고 쓴다.
가슴속에 보잘것없는 돌덩이를 품고 사는 나에게는, 오랫동안 보이지 않는 꾸준한 격려와 이슬비 같은 ─ 이슬비에 옷 다 적시는 관심과 사랑을 보내주신 피그말리온 왕王들이 계신다. 부모님과 시전문지 《시문학》을 이끄시는 김규화 선생님과 수필전문지 《현대수필》을 끌고 가시는 윤재천 선생님이다.
부모님의 애절한 사랑과 헌신은, 헛발질에 스러지지 않고 생명을 유지하게 한, 내 육신의 피그말리온이다. 질곡과 함정의 인생을 부끄럽지 않게 거듭나도록 기대하고 믿어주신 두 선생님은, 내 시와 수필의 피그말리온이다.

앵그리 맘Angry Mom

꽃봉오리 소년 300여 명을 해장海葬한 세월호 참사 자체는 애끓어지는 슬픔이다. 하지만 그 후속처리에 불성실한 정부와 국회의 무능함, 일부 중산층과 지식층의 무관심은 이 나라의 진정한 힘인 어머니의 분노를 일으킨다.

사건은 줄줄이 이어져 왔다. 해병대캠프 고교생 사망 사건, 경주 마우나리조트 대학생 참사, 군대의 성폭력과 비인간적 폭행학대 사건……. 이런 나라에서 자녀를 낳아 애써 기르면 가슴에 씻을 수 없는 피멍의 한을 안아야 될 텐데…….

아버지는 자기 마음에 드는 자식을 귀애한다지만 어머니는 태산이 무너지는 듯한 고통으로 낳은 자식을 눈물과 희생의 사랑으로 기른다. 모성애를 신의 사랑으로 비유하는 까닭이기도 하다. 신이 다 지킬 수 없어 대신 어머니를 만들었다고 하지 않은가. 그런 신의 사랑을 가진 어머니들이 분노한다.

나도 '앵그리 맘'이다. 쌍용자동차 노동자에게 '47억 손해배상 판결'에 분노하여 47,000원 노랑봉투를 보냈다. 세월호 참사 애도물결에 동참하기 위하여 서울시청 광장에 가서 묵념과 노란리본을 바치고 서명운동에 15명의 동의를 얻어 서명봉투를 보냈다. 군대에 보낼 아들이 없지만 이 상태라면 입

영거부 서명운동에도 동의 동참하련다.

  무능하고 타락한 정부와 정치인, 무책임한 법조인과 관료, 파렴치한 군대권력 등등 때문에 늙은 내가 부끄럽다. 이 따위 나라에서 어른이 된 책임을 통감한다.

  인간답게 길러서 인간답게 대접받고 사는, 진실로 인권이 존재하는 나라에서 제발, 제발, 제발 '그린 맘Green Mom'으로 살고 싶다.

겁나는 고령화

　어머니는 미수-88세까지 사셨다. 치매나 힘든 암도 없이, 인간사계人間四季를 거꾸로 사는 벤자민 버튼처럼 세살바기, 두살바기, 갓난애로 작아지더니 천진하게 눈빛 맑아지어 선서하셨다. 언어인지의 뇌수도가 상한 게 아니라 마음이 상하여 말문을 스스로 닫은 채였다.
　당시 비슷한 입장의 친구가 말했다. 친정에 가서 구십 연세의 어머니를 목욕시키며 "어머니, 고만 좀 죽어!"라고 했다고. 반세기 남짓 홀시어머니를 모신 올케 보기가 미안해서였다고. 그 말을 들으며 내 어머니의 침묵의 까닭을 생각하고 눈물이 고였다.
　고령화사회, 백세百歲시대 운운할 때마다 즐겁기보다 딸애의 입장을 생각해 본다. 딸애는 친구들과 어떤 얘기를 할까? "어머니가 오래 살까 봐 걱정이야!"라고 하지 않을까? 그래도 가장 쉬운 효도가 돈이다. 양로원이나 노인병원에라도 모실 수 있으니까.
　그런데 경제적 동물인 현대인은 돈의 하수인이 되어 돈에 절절 묶여 산다. 삶의 기술을 잃었듯이 죽음을 대하고 이해하는 방법도 배우지 못했다. 인간의 삶과 죽음은 손익계산서가 아니라 존재의 존엄이라는 걸 모른다.

  부모가 어린 자식에게 바친 시간과 경제력을, 점차로 아기가 되어 죽어가는 부모에게 그만큼의 시간과 경제력으로 갚는 것은 인생이라는 학교의 정규과목이다. 자기의 목숨과 인생을 준 부모의 노년이 곧 자기의 미래다.

  그것을 배우지 못한 현대인과 함께 살아야 하는 나의 고령화가 두렵다.

미술관美術觀

자연을 모방하고 인간정신을 그려내는 미술은 그야말로 아름다운 예술이며 기술이다. 미술은 상처 입은 정서를 치유해주는 아름다운 예술이다.

인간관계 혹은 삶이 좀 더 따뜻하고 편안했다면 미술 혹은 예술이 탄생되었을까? 행복하므로 예술을 할 필요가 없다던가. 예술은 고뇌 고행 고집이 있어야 창조되기 때문일 것이다.

미술을 감상하는 어느 순간에 소름이 돋는 전율을 느끼거나 명치를 찌르는 것 같은 슬픔이 밀려올 때가 있다. 아무에게도 토설吐說하지 못한 고단한 삶과 내면의 나를 만나는 순간일 것이다. 미술과 자신이 소통하고, 미술로 나와 내 인생을 이해받는 감격의 순간이다. 이렇게 미술은 외롭고 괴로운 마음을 치유해준다. 내가 미술관나들이를 자주 하고 즐겨하는 까닭이다.

젊거나 혹은 새롭거나, 무겁거나 혹은 기상천외하거나 간에 작가의 치열한 예술혼이 담긴 미술은 상하고 아픈 가슴을 위로한다.

답습된 미술 혹은 기능이 된 미술은 예술이 아니다. 표절된 혹은 짜깁기한 미술도 예술이 아니다. 인터넷에 무수히 돌아다니는 남의 것은 공부자료로 쓸지언정 미술가가 예술에 표절할 건 아니다.

  미술가는 작업의 정체성을 끊임없이 물어 자기만의 방식으로 하늘의 별을 따는 존재다.

정의사회正義社會

인간이 인간답게 살 수 있는 태평세상이 정의로운 사회다.

정의의 가장 올바른 잣대는 중용中庸이라 했다. 중용이란 이쪽으로도 저쪽으로도 기울어지지 않고 양쪽의 균형을 잡는 정확한 중심이다. 중용은 사회의 저울추다.

각계의 권력 재력에 편승하는 비겁한 지식인은 사회의 저울추가 될 수 없다. 약자와 시민을 기만하고 오도하는 만용을 부리지 않으려면 정의를 행하는 용기가 있어야 한다. 정의는 삶의 본질이지 생활의 형식이 아니다. 형식은 시대에 따라 변화할 수 있지만 그 변화의 중심에는 정의의 디케 여신의 저울추가 놓여야 한다.

연일 터지는 군대의 폭력, 요지가지 성폭력, 부정의不正義의 남용, 4대강사업의 부패 고리, 국민의 안전권리를 저당 잡는 싱크홀sinkhole 사건 등등을 지켜보면서 이 나라는 정의사회인가를 심각하게 묻는다.

"정의는 중용을 지키려는 용기다."고 아리스토텔레스가 말했다. 이 나라에선 변화할 줄 아는 법의 추를 정의롭게 작동하는 용기를 누가 행사할까? 나다, 너다, 우리다.

식자識子

지식인이 죽음을 극복하기 위해 남긴 작품.

사상가에겐 사상의 뼈가, 학자에겐 학술서가, 문학가 예술가에겐 예술작품이 각자의 식자다.

대개의 사람은 혈통의 자식으로 죽음을 극복한다. 그러나 인간의 지知가 발달하고 번성할수록 식자가 인간의 삶을 풍요하고 길게 해주었다. 역사가 그 증거다.

사람은 배운 만큼 안다. 아는 만큼 또 배운다. 마지막 배움은, 탄생이 죽음에 이르듯이 배운 것을 자연스레 버릴 줄 아는 것이다.

예술과 사상, 학문이란 것은 식자識子가 '유식有識을 잘 버린 것'이다.

문인의 문학작품이 미래에도 쓸모 있는 유식이 되기를 바란다.

생놀이

 사는 놀이 생生놀이. 삶의 놀이 희노애락애오욕喜怒哀樂愛惡慾. 살아야, 살아 있어야 놀이가 된다.
 생명 있는 것들은 아무리 아파도 견딜 수 있을 때까지 견디며 악조건과 난관을 이겨내며 스스로 살아간다. 이 생놀이는 오직 한 번뿐인 진진한 놀이다. 아무렇지도 않게 그러나 혼신을 다해야 하는 놀이다. 자기 방식대로 놀되 허욕 탐욕 없이 단순해져야 생명존중의 마음이 열리고, 마음이 열려야 만물과 협력하여 잘 놀 수 있다.
 이제 그걸 알 만하니 놀 시간이 많지 않다. 뭐니뭐니해도 사람이 진정한 놀이친구다. 종교도 예술도 돈도 인간의 구원은 아니다. 사람만이 사람의 삶을 구원한다. 이 세상에 사람 없어 애통해하지 말고 서로에게 사람이 되어주라.
 인생이란, 사람이 사람과 잘 노는 생놀이다.

자본주의

 자본주의는 인간의 존재가치를 자본에 두는 이념이다. 자본주의는 자신을 팔아야 한다. 인간의 능력은 판매상품으로서 경제력-돈을 부상으로 받으며 그것이 제2의 자본이 된다. 바꿔 말하면 장삿속 인간을 양산하는 게 자본주의다.
 제2의 자본-돈을 쓰며 사람깨나 거느리며 살던 어떤 사람이 죽었다. 정승집 개가 죽은 것이 아니어선지 상가는 의외로 썰렁했다. 제 코앞 이익에 따라 흘러 다니는 비인격적 사람들은 문상예의조차 제대로 지키지 않는 걸 목격하면서 씁쓸했다.
 옛날 청소년기에 본 영화 〈시민 케인〉이 생각났다. 케인의 말 "내가 재벌이 아니었으면 위대한 자가 되었을 것이다."는 말이 귀에 쟁쟁하다. 재벌도 아닌 제 잇속 자본가는 그저 돈벌레일 뿐이다. 생활력은 강하다고 할지라도 결코 인격적이거나 훌륭하지가 않다. 차라리 인간적 의리와 도리라도 있으면 사람답겠다.
 자본가는 다분히 계산적이다. 사람을 대할 때도 계산적이다. 빌 게이츠가 자기의 자본을 노리지 않는 진정한 여성을 만나서 훌륭한 자본가로 변신했다. 자본은 인생을 잘 경영하기 위한 일종의 도구이지 인격이나 위대함이 아니다.
 오죽하면 자본주의는 소비와 소유를 부추기는 상업성이며, 그 결과는 인간성 해체와 공동체 파괴라고 하겠는가!

영화감상

영화는 대중문화가 되었다. 과학이 발달하는 만큼, 볼거리로 일상생활을 즐기는 만큼 다양화되고 일반화되었다. 그런데 대중은 단순한 시나리오를 좋아하고 화면 안에만 열중한다는 게 비애다.

영화는 제7의 종합예술이며 이미지로 기록하는 장시長詩라고 생각한다. 영화는 복잡한 인생의 사실성이 있는 기록이며 이미지 가득한 철학이다. 인생을 다각적으로 배우고 깨닫게 해주는 스승 같은 울림이 있는 예술이다. 요즘 스마트 폰으로 제 코앞의 것을 아무나 무작위로 찍어댄다. 그리고 천편일률적인 그것들이 모든 화면에서 난무한다. 소위 상업영화라는 것도 그렇다. 그러나 영화란 단순히 그런 것이 아니다.

나는 오랫동안 영화를 보면서 꽃을 찍는 방법을 여러 가지로 배웠다.

하나 ; 꽃만을 보여주는 방법

둘 ; 꽃밭 - 정원을 보여주는 방법

셋 ; 정원이 있는 집을 보여주는 방법

넷 ; 꽃밭 있는 집이 있는 마을을 보여주는 방법 등등이다.

다 필요한 방법이지만, 네 번째 방법이 인생을 살아가는 가장 좋은 방법이란 걸 영화가 깨닫게 해주었다.

영화 감상하는 방법을 알아야, 진짜 영화를 볼 수 있다.

산타 노래

내 인생에는 많은 산타가 존재했다.

어린 시절 내내 예수성탄절이 되면 산타할아버지를 기다렸다. 얼굴을 본 적은 한 번도 없지만 산타의 선물은 늘 받았다. 내 딸아이도 크리스마스가 되면 산타클로스를 기다렸다. 딸애에게도 산타클로스는 늘 다녀갔다. 외할머니가 지어 나에게 불러주시던 산타노래를 딸애는 나를 통해 부르며 자랐다.

독서광인 딸애가 초등학교 5학년 때 우리는 산타에 대해 많은 대화를 나눴다. 어린이와 가난한 이웃에 대한 사랑이 있는 한 산타는 영영 살아있을 거라고 이해했다. 산타 이모도 있고 산타 외삼촌도 있다고. 예수와 석가모니가 돌아가셨지만 그 가르침인 사랑과 자비의 정신이 이어지는 것처럼 말이다.

딸애가 어른이 되어도 반짝이등을 장식하며 함께 즐겨 부르던 산타할아버지 노래는, 어머니가 돌아가실 무렵에야 그 작사 작곡가를 알았다.

"엄마, 산타할아버지 노래는 어디서 알았어요? 산타클로스 할아버지 오늘 밤에……."

딸과 삼대가 한자리에서 노래를 불렀다.

"내가 지었지. 니들 교육시키느라고."

"옴마나! 우리 외할머니, 못 말리는 교육자라니까!"

허걱! 굴러다니는 토속요거나 어디 일본의 구전동요쯤을 번안해서 가르쳐주신 줄 알았는데.

딸애가 외할머니 손톱에 매니큐어를 해드리며 모처럼 합창했다. 어머니 86세의 성탄절에.

산타클로스 할아버지 오늘밤에
북쪽나라에서 썰매 타고 오신다.

살 만한 곳

사람이 사람다울 수 있는 곳이 살 만한 곳이다.
그 땅의 기운이 온후하고 사람이 인후仁厚한 곳에서 사는 건 행복하다.
의식주가 모자라고 흙이 사라진 곳은 강퍅하다. 거기에 원전이나 송전탑이 있는 곳은 보이지 않는 살인의 땅이다. 군사력과 권력, 시기와 분쟁이 많은 곳은 사람을 천박하게 하고 병들게 한다. 인간성이 강퍅해진다.
해, 달, 별의 빛과 풍우의 기상이 고르게 흐르는 곳이 살 만한 땅이다. 거기에 반드시 숲이 있어야 건강한 복지福地다. 무엇보다도 물과 땅이 서로 잘 통하는 곳이 좋다. 산을 등받이 삼고 앞내의 물에 발을 담그는 곳이면 길지吉地다.
사람은 신토불이身土不二다. 사람은 그가 사는 산하-대지의 풍정을 닮는다.
살 만한 곳에 사는 사람들이 인간적이고 다정하다.

죽음연습

'나'라는 소우주에 어떤 일이 일어난 걸까?

관상동맥 세 개를 시술할 때, 두뇌작용이 깜박깜박 끊기고 의식이 아득히 안개 속으로 멀어지며 허공에 붕 뜨는 것처럼 가벼웠다. 나는 사후의 세계로 입적하는 걸 느꼈다.

홀가분하고 수증기 같다. 늘, 죽으면 새처럼 날고 싶어 했지만, 그냥 끓는 가마솥에서 승천하는 수증기처럼 무게도 흔적도 이내 사라지는 어떤 가벼움이었다. 머릿속에 하얀 빛이 서서히 차오더니 마치 태양빛이 된 것마냥 빛에 감싸인다. 세상의 소리와 형상과 완전히 단절된 무중력의 진공 같다.

한순간 오래 전 경험을 기억했다. 자살을 환상하며 수면제를 과다복용하고 서서이 의식을 잃어갈 때와 흡사했다. 그 후, 무의식에 가깝게 열중하여 독서하다가 또는 간절히 기도하다가도 비슷한 경험을 했다.

나는 죽음을, 한없이 가볍고 평화롭고 어떤 두려움도 모르는 아깃적의 천진무구한 시간처럼 생각한다.

가끔 두뇌작용을 밈추고 고른 숨을 쉬며 죽음연습을 한다. 심신이 평안해진다.

작가정신

 일종의 기쁨잔치 소위 출판기념회, 전시회, 축제개막식에 벌떼처럼 날아간다. 그런 모임엔 절친한 친지나 관계자가 등장하면 족하다. 작가는 오히려 슬픔이나 고난의 현장에 달려가는 사람이다.
 사실 축의금을 끌어내기 위한 고지서 같은 게 행사이지 않은가. 책을 사서 보는 자가 진정한 독자요, 전시회는 예술품을 소장할 수는 없지만 누구라도 예술품을 감상하고 비판하게 하는 자리다. 이것이 예술을 소통하고 공감하는 문화의식이다.
 예술인은 다른 예술인과 경쟁하고 질투하는 자가 아니다. 예술은 부단한 자기탐구며 절치부심하고 절차탁마하여 창의적으로 표현한 결과물이다. 또 예술은 늘 신상품을 요구한다. 현재는 달려오는 미래에게 점령 당하기 때문이다. 예술은 늘 현재성이 있어야 한다. 예술가가 한때 성공의 칭찬을 들을지라도 자만해선 안 되는 이유이다.
 헬 수 없이 많은 꽃이 피어도 열매를 맺는 꽃은 적다. 예술도 철저마침鐵杵磨鍼(쇠절굿공이를 갈아서 바늘을 만듦)의 예술정신으로 창작된다. 수필 한 편, 시 한 편을 잠깐 사이에 주욱 썼다는 천재성 발언이 의심스럽다. 어둠에 등잔불을 켜놓고 태양이라고 착각해선 안 된다. 반드시 어둠이 지나야 빛이 오는 법이다.

   예술의 창작과정은 어둠이다. 작가정신은 홀로 그 어둠을 뚫는 용기요 의지다.

수필 동기動機

작가의 수필 동기=모티브는 대개 자화상이다. 문학적 가치에 집중한다고 해도 수필은 결국 작가의 삶의 표상이며 개인이 구현하는 전일全一한 자화상이다.

그러나 현대는 개인의 시대이면서 또한 자기와 관계가 없는 개인에 대해 무관심한 시대다. 그렇다면 어떻게 하여 독자-타인과의 관계를 맺을 수 있을까? 거기에 현대 작가의 문제가 있다. 독자 없는 수필이 문학일 수 있는가?

수필이 문학예술이기 위해선 양의兩義의 세계와 대화가 필요하다. 수필가 개인과 외계와의 대화가 필요하다. 정치, 경제, 사회, 과학, 종교, 여타 예술과 관계를 짓게 하는 수필이어야 하는 것이다. 그 점이 수필문학다운 수필을 쓰게 하는 것이다.

내가 나로 존재하고 존재되기 위하여 타자와 타율의 영향은 지대한 법이다.

수필이란 나와 외부의 관계 맺기에서 인생의 다양성을 포용하고 그것에 날개를 다는 글이다.

시詩의 진면목

　시골의 밤하늘에 반짝이는 별. 숲속에서 들려오는 작은 새 소리. 바닷가에서 들은 큰 파도소리, 작은 파도소리. 절벽에 부딪치는 바람소리, 나뭇잎과 풀잎에 부는 바람소리.
　아버지가 술 마시며 시 읊는 소리, 어머니가 부엌에서 음식을 장만하는 소리.
　새벽에 울리는 교회의 종소리. 산신제 용왕제에서 독경하는 소리. 뱃속 아기의 심장 뛰는 소리. 텅 빈 산사의 마당에서 우두커니 듣는 풍경소리. 아기에게 젖을 물린 부은 얼굴의 젊은 엄마. 한 사람의 눈을 온 세상의 말씀처럼 바라보는 일.
　시를 다른 말로 설명하면 진부하기 짝 없는 것이 되고 만다.
　시를 이해하려면 그 감정을 직접 체험해 보는 수밖에 없다. 시도 아는 만큼 보인다. 시는 몇 사람의 소통이 아니라 남녀노소 누구나 이해되는 참이어야 한다. 그리고 인간의 희로애락을 품고 있는 세상이 참 아름답다는 것을 깨닫게 하는 일이다.
　시는 인간을 아름답게 변화시킨다.

스트레스 해소

현대인은 스트레스를 일상의 간식처럼 먹고 산다. 생활의 비애와 분노가 스트레스 요인이다. 그렇다고 스트레스 때문에 아니 살 수는 없다.

흔히 스트레스를 해소하기 위해서 요지가지 짓 - 명상행위, 음악 감상, 미술치료, 독서, 운동, 여행 등등 갖가지 놀이를 권유한다. 갖가지 공부를 빌려서 현명하게 타개할까 해도 현실은 별로 나아지는 게 없다. 그 가르침만큼 똑똑하게 못 살아서 또 스트레스를 받는다.

생각해 보니 석가모니나 예수, 여러 현자도 인생의 스트레스를 해결하기 위해 광야를 헤매며 고행한 중에 선각先覺한 것 아닌가. 깨달은 뒤에 그 분들은 어떻게 살았는가? 무아와 무욕의 삶을 살았다.

스트레스는 자아와 타인과 사회에서 달려든다. 자아의 스트레스는 무아지경을 얻으면 해소되고 외부에서 오는 스트레스는 무관심과 무위에서 사라진다. 그러나 세상의 아웃사이더로 살 수는 없다. 그렇다면 어째야 좋을까?

스트레스를 해소하는 가장 좋은 방법은 고통을 사랑하는 것이다.

난관 체험

45년 전, 아기엄마 시절의 한 토막 이야기다.

겨울밤, 시댁의 한 방에서 어른아이 할 것 없이 둘러앉아 어린 아이들의 재롱에 웃고 있었다. 갑자기 화르르륵 전선에서 불꽃과 매캐한 연기가 일어났다. 깜짝하는 순간에 고모 삼촌 작은아빠들이 맨발로 튀어나갔다. 나는 '1분만 침착하자.' 작정하고 먼저 갓 네 살짜리 딸애를 업으면서, 눈 감고 입 다물고 엄마의 목을 휘감고 힘껏 매달리라고 명령했다. 그리곤 큰시동생의 세 살짜리 아들과 작은시동생의 두 살짜리 아들을 양쪽 팔로 끌어안고 만삭의 여자처럼 뒤뚱거리며 대문 밖으로 달렸다. 40kg짜리 어머니의 힘이었다. 아이들은 놀이라도 하는 양 아무도 놀라거나 울지도 않았다. 천만다행, 노출된 외선外線이라 불바다로 변하진 않았다. 목구멍과 콧속, 눈이 한참동안 아렸다.

나는 좌뇌의 논리적 판단과 그 상황을 뚫을 수 있으리라는 의지를 가졌었다. 또 나약하고 유순한 여자이지만 어린 자녀들에게 나는, 신神과 같은 존재인 어머니라는 이상적 생각을 꿈꾸었던 것이나.

난관을 헤치는 능력은 이성적 판단과 이상적인 생각을 발휘하는 것이란 걸, 그때 배웠다.

진짜 승리

종종 죽음과 종교에 관한 연구서를 즐겨 읽는다. 제일 맛있게 씹히기 때문이다.

'교탁 위의 철학자'라고 별칭 되는 셸리 케이건=미국 예일대학교 교수에 의하면 죽음 후엔 영혼이나 영생은 없다고 단언했다. 성인聖人 쏘크라테스의 수제자 플라톤은, 비물질적이고 초월적이며 보편적인 실재=영혼은 불멸한다고 주장했다. 그 플라톤의 이데아 사상은 마치 유전인자처럼 유전되어 왔으며, 아직도 여러 종교를 통하여 영혼이 영생한다고 많은 사람들이 믿고 있다.

하지만 육체가 없으면 영혼은 없다. 육체만이 활동 내지 작동을 멈추고 죽을 수 있으며, 죽음으로 인하여 인간은 오직 주검이라는 물질체일 뿐이다. 생의학적 정설定說이고 S. 케이건의 정론定論이다.

죽음은 필연성(반드시 죽는다)과 가변성(얼만큼 살다 죽을지 모른다), 편재성(언제 어떻게 죽을지 모른다)이 있다. 어쨌든 산 자는 반드시 죽으니 죽음에 신경 쓸 필요가 없다. 어떻게 살아갈까, 공허하고 합당치 못한 감정으로 허비할 필요가 없다. 생명에게 삶은 최대한 축복이어야 한다.

시몬느 보봐르의 소설 〈인간은 모두 죽는다〉의 주인공 휙스카는 결코 죽지 않는다. 지루하고 처절하게 고독하여 자살을 시도해도 결코 죽지 않는 그는, 길고긴 삶은 가혹한 형벌이라고 절규한다.

그렇다 해도 오래 사는 것이 인생의 진정한 승리라고, 나는 생각한다.

사랑하는 이들이여, 부디 오래 살아야 한다.

가을볕

추석을 지난 가으내, 겨우살이 먹을거리를 장만하는 일손이 즐겁다.

참깨 들깨와 콩을 비롯한 잡곡을 일어 가을볕에 고실하게 말린다. 찬이슬 맞은 가지와 애호박을 썰어 고지를 만들고, 뚱딴지나 여주, 무를 말리거나 덖어 찻물거리를 만든다. 들깨의 늦열매를 끊어다 찹쌀풀을 입혀 뒤적거리며 말린다. 들깨송아리 튀각을 제일 맛나하시던 어머니가 보고 싶다. 뾰주리 감 땡감을 따다가 껍질을 깎아내고 나박나박 썰어 채반에 담아 베란다에 넌다. 기온이 뚝 떨어지는 가을밤 밤바람을 맞으며 끄들끄들 곶감이 되어간다. 고종황제의 서녀庶女 이문용 할머니에게서 배운 곶감 만드는 방법이다. 장도감은 목판에 앉혀 골방 시렁에 얹어둔다. 어린 날 친정집의 시렁 위의 목판이 그려진다. 저 떫은 땡감들이 시나브로 홀로 익어 말랑한 홍시가 되면 눈 내리는 겨울밤이 환해지겠지.

손도 까딱하기 싫고 몸이 귀찮아서 게으르게 처져 있다가도, 청청하늘 아래 따사로운 햇볕이 어른거리면, 일근세상무난사―勤世上無難事, 어머니 말씀이 들려와 벌떡 일어난다.

"이 가을볕이 아까워서 어찌 게으르게 놀 수 있니?"

아직도 새 꽃

금방 핀 꽃이나 막 피어난 꽃, 신선하고 향기로운 꽃, 시들거나 한참 본 꽃 대신에 새로 꽂은 꽃, 모두 새 꽃이다.

그런데 그런 새 꽃이 아니라 '아직도 새 꽃'이고 싶은 거다.

모녀 삼대가 방안의 꽃 이야기를 했다.

할머니가 막내딸보다 손녀딸을 예뻐한다. 딸은 불평을 한다. 딸이 어머니의 방안의 꽃이라고. 어머니가 "너는 헌 꽃이고 손녀딸은 새 꽃이지. 새 꽃이 이쁘지!"

어쩌면 인간의 관계에서 우리는 모두 헌 꽃이다. 그러나 나는 부사를 사용하여 말을 바꾼다. 새록새록 정을 가꾸는 사람끼리는 '아직도 새 꽃'이라고 말이다.

긴 세월 한결같이 우애하는 관계는 언제 만나도 새 꽃이다. 무릇 사람의 관계가 '아직도 새 꽃' 같기를 바란다.

가을하늘

가장 맑고 밝고 눈부시게 푸르른 가을날의 하늘. 벽공碧空!

가을하늘 아래 서면 누구라도 시심이 일고 종교심이 일고 농부심이 일 것이다. 그냥 티 없이 정갈하고 눈이 시리도록 푸르러서 나를 부끄럽게 한다.

'88세계올림픽 때 내한한 세계인이 서울의 가을하늘을 바라보고 경탄했다. 유일하게 수입해가고 싶다고. 한국의 쪽빛 가을하늘은 명품이다. 자고로 우리나라에선 가을이란 단어를 가장 아름답고 풍요하고 문학적인 단어로 사용했다.

추수문장秋水文章은 군더더기 하나 없는 완벽한 문장을 말한다. 사계의 달 중에 추월秋月이 버드나무가지에 내려야 가장 찬란하고 신령스럽다. 가을밤 청천靑天에는 그야말로 쏟아질듯이 초롱초롱한 별이 돋아난다. 추풍낙엽秋風落葉은 인생무상에 가장 적합한 표현이다. 이토록 가을은 내면 깊이 무르익은 심상心象을 품는다.

가을하늘! 가을하늘 같은 사람 하나 만나면 행복하겠다. 가을하늘 같은 문장을 쓸 수 있으면 참 좋겠다. 가을하늘 같은 내가 된다면 정말 좋겠다.

글 소재

늦가을의 들판은 누렇게 삭아가는 풀들과 흙갈색 맨땅에 드문드문 이스락으로 남은 배추와 무, 양배추의 푸른색이 쓸쓸하고 애틋하다. 폐교 운동장에서 야영을 하고 난 이른 아침, 밤이슬에 축축이 젖은 들판과 에둘러친 숲이 목이 메게 향기롭다.

동행들이 조찬을 마련하는 사이 주변산책을 했다. 파릇파릇 돋아난 민들레와 왕고들빼기의 어린 새 잎을 따서 씹으니 쌉싸레하니 쌍긋하다. 찬이슬에 함초롬히 젖은 달맞이꽃이 향기롭고 달보드레하다. 눈에 띄는 대로 몇 웅큼 따다가 아침 밥상에 샐러드로 내놓았다. 밤늦도록 술과 고기안주에 느끼해진 뱃속을 별미가 개움하고 상큼하게 해주었다.

글 한 편 쓰는 일과 아주 닮았다. 흔해터진 소재지만 안목에 따라 때와 곳에 맞춰 별미가 되게 할 수 있다. 소재와 주제를 알아보는 눈, 구성법, 묘사법, 표현법을 달리한다.

소재를 알아보려면 평소에 다량의 독서와 사유로 사전지식을 쟁여야 한다. 머릿속 지식은 자연과 역사와 무엇보다도 사람세상 속으로 들락거리며 마음을 다하고 공을 들일 때, 누구라도 반응하는 좋은 양식糧食의 글이 된다.

진짜공부

공부 공부 공부해라. 이 학원에 가라. 저 족집게 선생에게 배워라. 사당오락−4시간 자면 대학입학 당선이고 5시간 잠자면 낙방−이다. 지금 공부는 인생의 밑밥이다. 지금 졸면 백수건달 된다. 공부지옥을 어른들이 만든다.

공부란 일평생 해야 하는 것으로 인생을 철학하고 지혜를 획득하는 훌륭한 도구지만 허장성세虛張聲勢 권력을 위해 채근 당하는 공부는 인격의 악재惡材가 된다.

이황 퇴계 선생은 왕세자를 위하여 성학십도聖學十圖 서예 병풍을 선조임금께 헌공했다. 어린 세자가 그 글을 큰소리로 읽고 외며 인격과 왕도를 어언간 깨치고 맘에 습이 되게 하기 위한 일이었다.

어릴 적. 시인묵객이 가끔 우리 집에 내방하면 주안상이 차려지고 고담활론을 하셨다. 조두현, 장만영, 이충재 선생은 시를 읊고 석당 선생이나 남정, 여산 선생은 고문진보의 시문詩文을 화선지에 일필휘지했다. 그 글귀들이 큰방과 다다미방 사이 벽에 줄줄이 만장처럼 걸리고 묵향은 그윽했다. 나는 오며가며 저절로 그 글귀를 외었다.

나이 들어 공부하고 왼 지식과 상식은 구멍이 뻥뻥 뚫리게 잊어도 어릴 적 그 글귀들은 아직도 기억 속에 아름다운 깃발처럼 펄럭이고 있다. 그 글귀의 의미는 인생의 골격이 되고 피가 되었다.

제 3 부

비 내리는 날에나 바람 찬 날에도 산책을 하는 것은 깨어있는 사람이기 위해서다. 비바람에 후려쳐지는 풀과 나무, 꽃잎을 산발하는 꽃송이를 만난다. 살기 위해선 태질 당하는 시간을 견디는구나. 잃은 만큼 새 힘을 키우는구나. 풀꽃 한 송이나 저 가로수로 사는 느티나무 한 그루도 풍상을 견뎌내지 않는 게 없구나.

깰 것

역사란 무엇인가? 누구의 역사인가? 누구를 위한 역사인가?

주요 통사通史나 현대사에서, 민중적 저항이 격렬히 분출된 사건은 제외되고 편향적이고 획일적인 줄긋기로 되어 있다. 대중은 역사의 주인공이며 역사는 국민이 어떻게 살았는가의 기록이다. 그런데, 국민의 기록이 몽땅 빠져 있다.

대한민국 현대사에서 3.15부정선거 반대데모, 4.19민주학생운동데모, 5.16군사쿠데타, 한일수교재개와 유신헌법 반대데모, 10.26계엄령선포, 5.18민주화운동데모는 국민에게 어떻게 기억되고 있는가?

깜깜하다. 답답하다. 절망한다. 역대 군사정권의 강압에 의해 이런 역사적 사건의 진상은 왜곡되고 은폐되고 '금기의 벽'으로 울타리를 쳤다. 아직도 정치가 역사를 바로세우지 않고 있다. 나는 진정하고 평화로운 조국에서 영영 살아보지 못할지도 모른다.

대한민국과 우리 민족은 남북으로 두 동강 난 채 70여 년간 적대시하며 살고 있다. 대지大地만 가른 게 아니라 민심조차 갈랐다. 누가 갈라 놓았는가? 미군정의 실책과 남한사회의 모순정치 때문이었다.－돌아가신 이영희 교수, 윤이상 음악가, 이응로 화가가 못내 그립다. 게다가 20세기 말에 이미 무너진 이데올로기적 적敵인 허상에 아직도 끌려가고 있기 때문이다.

시간이 흘러가면 오류, 오해, 진실을 말하지 못할 게 없다고 했다. 수학의 답은 하나지만 인생의 답은 여러 가지일 수 있다. 역사의 증인들이 사라지기 전에 역사를 바로 세울 수는 없는가?

깨야 할 것을 깨고 싶다. 잘못된 역사인식을 깨야 한다.

필기구

　컴퓨터 자판에 글을 두드리는 시대에 나는 여전히 연필이나 볼펜이라는 필기구를 사용한다. 엄지와 검지, 장지로 필대를 잡고 소지로 종이를 스치며, 재빨리 심정과 두뇌의 명령을 힘차고 당찬 용틀임처럼 굽이굽이 팔팔하게 문자화하는 것이다. 나와 세상이 오묘하게 공감하는 문자를 그려내려면 필기구를 잡아야 한다.
　손은 두뇌의 지성과 가슴의 감성을 현실로 구현하는 최고의 도구이며, 세상을 향한 촉각을 응집 육화하여 표현하는 도구다. 제2의 두뇌라는 손에 연필을 쥐고 쓸 때 시문은 훨씬 내면적인 글이 된다고 생각한다. 오죽하면 문학예술은 손을 통한 정신의 육화라고 하겠는가.
　장구한 역사 동안 동양의 문인들은 모필로 생각하고 글을 썼다. 모필은 단지 글자가 아니라 마음의 상태나 사람됨과 시대에 대한 감정까지 드러낸다. 손과 종이와 붓=연필이 공명하는 세계가 진정한 시문이었던 것이다. 필체를 보면 그 사람을 읽을 수 있다고 하지 않는가.
　나는 여전히 오른손에 볼펜이나 연필을 쥐고 원고를 쓴다. 컴퓨터의 자판을 빌리는 것은 현대생활에 보조를 맞추기 위해서다. 천천히 첨삭 교정하여 퇴고하는 것이다.
　시문詩文은 손으로 심중심사를 육화한 것이지 손놀림으로 글자를 꿰맞춘 것이 아니다.

말의 힘

동물에게 귀가 두 개. 자연과 세상의 소리를 들으며 산다. 귀는 아름다운 소리-바람소리 빗소리 새소리뿐 아니라 음악을 좋아한다. 식물도 동물도 능동적으로 음악에 반응한다.

곳곳에 동요, 클래식, 가요, 육자배기가 흐른다. 동심의 고향인 동요에 맑아지고, 영혼의 어루만짐을 느끼는 클래식에 감정이 순화되고 생각이 깊어진다. 가요엔 일상의 애환이 있기에 소통이 쉽고 육자배기는 주막집의 걸쭉한 입담이나 농창된 입씨름 같다. 이 소리들 모두 삶의 구성요소다.

그러나 인격을 폄훼하고 천시하는 상스런 말이 자주 들리는 음악은 여러 번 듣기에 민망하다. 말이 씨 된다고 하듯이 육자배기의 거친 말의 씨는 생각을 거칠고 삿되게 하기 쉽다. 상스런 표현에 길들어 상스런 인격이 될까 겁난다. 육자배기같이 말하는 사람이 무섭다.

생각은 말의 씨고, 말의 힘은 행위보다 강하다. 세상의 무엇을 건설하고 파괴하는 건 행위다. 환희와 긍정으로 건설한 것을 폭력과 파괴의 언어를 남발하여 폐허로 만드는 역사를 보았다. 이 모두 생각의 힘 곧 말의 힘으로 이루어졌다. 말의 힘을 생각하니 거친 말이 무섭다.

새해

새로운 1년의 첫날 떠오르는 해. 원일元日. 원단元旦. 원조元朝.

어제나 그제나 그 자리에 있는 태양이지만, 인간 중심으로 규정해 놓은 시간의 단위에서 큰 의미를 얻게 된 태양의 별칭이다.

지구촌 어디의 해가 가장 일찍 떠오른다고 호들갑을 떨고, 우리나라 정동진의 해돋이를 보겠다고 수선을 떤다. 나는 우리집 뒷산 완산칠봉이나 전주팔경의 제1경인 기린봉에 올라 새해맞이를 하기도 한다. 그러나 그건 자신을 위한 특별한 의식일 뿐이다.

새해라고 확 바뀐 것은 없다. 하늘을 보라. 여전히 하늘일 뿐이다. 자연을 보라. 여전히 자연일 뿐이다. 사람을 보라. 여전히 그 사람으로 살 뿐이다. 수수억만년 해는 그 자리에 있다. 사람이 공연히 새해에 의미를 부여하고 수선을 떤다. 공동체를 다루기 쉽게 규칙을 정한 것과 다를 바 없다.

진실로 날마다의 아침 해가 새 해임을 깨달아야 한다. 매일 어제를 죽여야 오늘 잘 태어나는 것같이, 새 해를 맞이한 오늘을 잘 살아야 밤이면 잘 죽는 연습을 할 수 있다.

새해는 새 해다. 부디 날마다 새 해로 살아가기를 소망한다.

음식맛

음식맛은 그 가문의 내력이요 국민의 성품이고 국가의 특징이다. 나는 대충 세 가지로 음식맛을 즐긴다.

첫째, 재료의 맛을 그대로 살려서 먹는다. 생으로, 날것으로, 혹은 그대로 햇볕에 말려서 장기보관 하여 먹는다. 묵나물이나 가을고지는 천연의 맛이다.

둘째, 원재료에 조미료를 침투시켜 좀 다른 입맛으로 먹는다. 매실청, 오디청이나 들기름, 참기름에 식초를 가미하여 고소하거나 매콤 새콤 달콤하게 맛을 낸다. 서늘해지면 익나물이나 나물무침이 입맛을 돋운다.

셋째, 그야말로 한국식으로 어우러진 잡탕의 맛을 낸다. 대표적인 것이 각종 김치와 찌개류다. 요지가지 조미료와 마늘, 파, 각종 장류가 뒤섞이며 한통속으로 범벅되어 어울림의 맛을 우려낸다. 특히 찌개의 국물은 맛깔스러운 한국음식의 일번지다.

이 어우러짐의 맛은 한국인의 먹을거리 지혜가 창조해낸 별미며 향기다. 놀이방법도 음식맛과 일맥상통하며 인정人情도 음식맛과 다를 바 없다. 음식맛에서 가문의 향기가 나고 음식에서 인정난다고 하지 않는가.

김치와 찌개류를 먹어본 외국인은 그 독특하고 인이 박히는 맛을 잊지 못한다고 한다. 어우러진 음식의 맛이 한국을 선진강국으로 만든 저변의 힘에 일조하고 있다.

소리의 진수眞髓

전라북도 익산시 왕궁에 가면 마동이(=마동방)를 추억하게 하는 미륵사가 있다. 아니 미륵사지와 고색창연한 서탑이 우뚝하다.

어릴 적(자그마치 65년 전)에 부모님과 나들이 가서 다람쥐새끼마냥 탑 주위를 돌고 돌며 잡기살이랑 숨바꼭질을 했다. 높은 기와집 같은 규목槻木=느티나무 건너 옹달샘에서 맑은 물이 쉼 없이 흘렀고, 나뭇잎은 파드락파드락 청음의 연주를 했다. 물바가지엔 버들잎이 아니라도 풀잎을 띄워 홀짝이며 옛사람의 지혜로운 이야기를 들었다. 지줄지줄 방울새처럼 촐싹거리며 놀던 곳이다.

삼십여 년 후, 어머니를 모시고 추억의 미륵사지에 갔다. 서양과 현대 기계기술의 냄새가 풍풍 나게 복원된 동탑의 높은 귀꽃에 매달린 풍경이 찰그랑찰그랑 실로폰 소리로 울었다. 잠시 숨죽이듯 풍경소리에 귀를 기울였다.

"세상에 제일 행복한 소리는 자식 목구멍에 밥 넘어가는 소리고, 세상에 가장 듣기 좋은 소리는 자식이 글 읽는 소리란다!"

음악과 미술과 영화를 진공하는 손녀들은 풍경소리 너머로 무슨 소리를 들었을까.

어머니는 진실로 청음의 명수요 관음의 달인이었다.

일상日常

사람이 살아가기 위해 절대 부수어선 안 되는 보편적인 생활. 날마다의 살이.

잠깨기. 몸 씻기. 끼니 먹기. 옷을 입고 벗기. 화장실 이용하기. 청소. 잠자기.

음악듣기. 독서. 전람회 관람. 영화감상. 자연과 놀기. 심심하기. 사람 만나기. 사물과 놀이. 감성과 이성 사용하기. 사랑하고 미워하기. 내외정세 알기. 간섭하기. 참여하기. 산책하기. 기도하기…….

어떤 상황에서 무엇을 하건 사람답게 살기 위해 최선을 다하기. 인간과 인생에 대해 질문하기. 자연만물과 나 같고 너 같고 우리 같은 이웃이 있으니, 오늘 하루도 살 수 있음을 믿고 감사하기. 왜 살며, 어떻게 살아야 하는가, 대답 찾기. 좌절 불행 괴로움도 건너가야 할 잠시잠깐의 난관에 지나지 않으니 희망으로 살기. 무엇보다도 스스로 자기自己 자신自身을 등불 삼아 살고 자기 자신에게로 귀의하기.

일상日常이 수행정진修行精進이다.

만남

만남이란 내 마음과 네 마음을 나누는 것. 사람과 사람 사이의 진정하고 아름다운 교감이다.

요즈음엔 요지가지 시끌벅적한 만남자리가 많다. 그런데 그야말로 무늬만 만남이어서 무리 속에서 쓸쓸하다. 만나고 나서 더 허전하다. 만남이 아니라 부딪침이고 스침이기 때문이다.

그런 뒤엔 홀로 나 자신과 대면한다. 잃거나 잊어버린, 숨겨진 나와 만난다. 방안의 몇 송이 겨울꽃들-성탄선인장, 보세란, 금은화를 찬찬히 바라보기도 하고 사부작사부작 겨울 산에 오르며 사색을 한다.

현대인의 생활은 비만하고 만남은 군더더기 투성이다. 쓸모없는 용품과 식품뿐 아니라 대화 소통이 없는 관계가 넘친다. 사람을 위해 물건이 있는 게 아니라 사람이 물건의 시종 노릇을 하고 있다. 사람을 사랑하고 소통하기 위해 만나는 게 아니라 허례와 체면을 차리려고 만난다. 장사치의 거래 같은 만남은 우리를 더 외롭고 쓸쓸하게 한다.

밥숟가락을 깨끗이 비워두어야 끼니때마다 밥을 떠서 먹을 수 있다.

나를 군더더기 없는 겨울산처럼 비워두어야겠다. 그래야 만나는 존재를 옴스라니 받아들일 수 있다. 만남이 인생을 쓸 만하고 뜻있게 하면 좋겠다.

외로움

당신은 외로워서, 홀로 슬퍼해 본 적이 있나요?

자기가 남들과 다름을 발견하거나 남다른 상황에 처할 때 사람은 몹시 외로워한다.

외로움은 두렵고 큰 결핍상황이며, 반드시 극복해야 하는 결핍이다. 그것은 일종의 상처받은 마음의 상태이다. 대개의 사람들은 자기와 다른 남의 삶을 쉬이 이해하지 못한다. 그래서 외로울 때 사람을 원하면 불행의 함정에 빠지기 쉽다. 그러므로 인간에게 독서와 예술이 존재하고 필요한 것이다. 외로울 때엔 책 속으로 안겨들어라. 음악 속으로, 영화에게로, 그림에게로 달려가라. 내 외로운 영혼의 친구를 찾아, 나는 그들에게로 떠나곤 했고, 지금도 떠난다.

철인哲人이 "너 자신을 알라!" 했지만, 외로워 보지 않고선 정작으로 자기를 만날 수도 알 수도 없다. 다른 이들과 다른 나의 삶은 내 삶의 특징이며, '나 자신을 알게 하는' 체험이며 스승이었다.

외로움은 진실로 사람을 이해하고 사랑하게 하는 계기다.

강물

 밤이면 월인문자月印文字를 쓰는 활판이며, 낮에는 햇빛윤슬이 춤을 추는 무대가 강물이다.
 내 고향 금만경을 끼고 해 지는 서쪽으로 흘러가는 만경강 물은 텁텁하고 누렇다. 서해바다의 밀물과 썰물이 들명날명하며 벌컥벌컥 흙탕을 뒤집어대기 때문이다. 그래도 만경강 물은 끝끝내 서해바다로 바다로 흘러간다.
 먼 산속 한 방울의 작은 물이 도르르 흐르고 모여 시내가 되고, 어디서부턴가 시내가 넓어지고 깊어져 강물이 된다. 그 강물은, 한 번도 똑같은 강물인 적이 없다.
 강물은 인생과 같다. 갓난아기가 태어나서 골짝물 같은 어린 철을 보내고 시냇물 같은 청소년기를 거친 후, 그야말로 장강 같은 인생길을 출렁출렁 도도히 흘러간다.
 강물은 바다로 가는 길을 묻지 않는다. 다만 자기를 고집하지 않고 막히면 돌아가고 절벽이면 뛰어내리며, 몸을 낮추어 낮은 곳으로 낮은 곳으로 흘러갈 뿐이다. 인생길도 죽음의 바다로 자기를 죽이며 흘러가는 것. 바다가 어디에 있든지 강물이 바다로 흘러가듯이 인생도 자연스러이 흐르는 것이다.
 낮은 곳을 향하여 흐르고자 하는 물의 본성에 따라 흘러가는 물이 강물이다.

도시인

현대도시인은 거개가 문명이 판치는 도시에서 집단적으로 살아가는 신인류다.

인간은 본디 자연생물이며 자연인 숲과 대지와 물의 곁에서 살아왔다. 곡선의 숲과 유연히 흐르는 물의 대지에서 뛰놀며 안겨 살았다. 자연 곧 곡선은 친화적이고 감성적이며 생성과 소멸의 철학과 공존공생의 관계를 저절로 인식시키므로, 타자 곧 다른 사람과 더불어 살게 했다. 인간은 본디 함께 살아가는, 함께 살 수밖에 없는 공생의 존재인 것이다.

그런데 20세기부터 부쩍 직선화되고 대형화된 현대문명의 도시공간은 인간을 한 도시에 우르르 몰아넣으면서도 서로 단절시키고 폐쇄적이게 끌고 왔다. 직선문화와 획일화된 도시문명이 두려운 이유다.

오늘날 도시인은 직선적이고 인위적인 폐쇄공간에 머물며 혼자 또는 각자 컴퓨터게임이나 스마트 폰 오락을 하거나 표정 없는 문자를 날릴 것이다. 실내운동기구에 올라타고서 TV 영상으로 일방적 정보를 듣거나 질주하는 자연의 그림자를 멀거니 바라볼 것이다. 곁에 있어도 타인이고 한 집에 있어도 각자各自로 있다.

도시인은 인류역사상 가장 혹독하게 외롭고, 가장 헐레벌떡 살지만 삶의 질이 황폐하다. 소통의 기구가 가장 발달했으나 불통의 관계 속에 살고 있다. 도시인은 거의 인간적이지도 않고 서로 존귀하게 여기지도 않는 도시에서 홀로 또는 각자로 살고 있다. 참 아프다.

비극

아주 슬프고 비참한 일. 이별과 아픔, 죽음의 슬픔을 그린 영화, 연극, 소설을 비극이라 한다. 철들고 보니 현실 속엔 비극이 널려 있다. 인생은 다분히 비극이다.

서울시 유우성 간첩사건의 경과를 지켜보며, 민주공화국 대한민국의 '비극'에 진절머리 넌덜머리가 났다. 국정원에서 무리한 증거조작 아니 사건을 날조하여 국민을 간첩몰이 종북몰이로 학대하고 핍박했다. 국민은 쓸데없이 전쟁도발 걱정과 민족정신의 양분논리에 좌충우돌하고 있다. 국정원은 국가와 국민을 보호하기 위해 정보를 수집하여 국난을 미연에 방지하기 위한 기관이다. 국민을 오도하고 국민과 정부 위에 군림하는 권력이 아니다.

1945년 8월 15일, 일제강점기에서 해방되어 푯대 없고 지도자 없이 방황하는 이 나라 국민과 국토를 대체 누가 남북으로 갈라놓았는가? 이 나라의 주권은 우리에게 있건만, 우리는 어찌하여 남의 뜻대로 우리 땅을 가르고 민족을 갈라, 원수가 되고 발을 못 딛는 잃어버린 땅을 한탄하며 살고 있는가? 그때에 '잃어버린 주권'이 결국 한국전쟁=6.25사변을 불러왔고 아직껏 세계유일의 분단국가와 이산가족으로 살아가고 있다. 어언 70년간 한 핏줄 동족과 그 동족의 국가를 주적主敵 삼으며, 자유민주국가 한반도 대한민국 안에서조차 툭 하면 종북으로 몰고 간첩으로 몰아 국민의 인권과 존엄을 파괴하고 있다.

오호 비참하고 애통하다. 지구상에서 가장 뿌리 깊고 가증스러운 비극이 이 땅에서 연출되고 있다.

제발 달라져야 한다.

아름다운 편지片紙

소식이나 용무를 알리기 위해 적은 글.

얼마 전 한국에서 공개된 가장 쓸모 있고 뜻 깊은 편지 두 통을 읽었다. 한 통은 배춘환 씨의 "47억원……뭐 듣도 보도 못한 돈이라 여러 번 계산기를 두들겨 봤더니 4만7천원씩 10만 명이면 되더라고요. 9만 9999명이 계시길 바랄 뿐입니다."라는 편지다. 두 번째는 "모른 척 등 돌리려는 내 어깨를 툭 툭 두드리는 것 같았습니다."고 쓴, 참 예쁜 가수 이효리 씨의 편지다. 그리고 그는 노란 봉투에 4만 7천 원을 보냈단다.

서로의 어깨를 두드리는 느낌을 느낀 4만7547명이 14억 6874만1745원을 모았다. 쌍용해고노동자들의 47억 손해배상과 가압류로 고통 받는 329가구의 밥이 되고 치아가 되고 연필이 되었다. 나아가 잘못된 법과 제도의 개선사업을 벌여 갈 수 있는 마중물이 되었다.

만해사상실천선양회에선 4만7547명 시민 모두를 만해대상 수상자로 선정했다. 나를 만해대상 수상자로 만들어준 그 편지는, 인류애를 발현시킨 참으로 아름다운 편지다.

잠 이야기

손아래동생과 나는 잠을 적게 잤다.

고등학생시절 내내 적어도 자정까진 책상 앞에 앉아 무슨 책이든 읽었다. 어머니에게서 "어서 자거라!"를 듣고는 이불을 덮어쓰고 스텐드 아래서 소설과 시집을 읽곤 했다. 자식 중에 막내딸만 키가 작은 편이라서 내 수면에 대해 걱정을 듣곤 했다.

간식을 챙겨들고 막둥이의 방을 살며시 밀치던 어머니는 "에이, 그새 자네!" 힘없이 중얼거리셨다. "지금 저렇게 자면 단꿈을 꾸겠지만, 진짜 꿈을 이루려면 저 잠을 줄여야지!"

손아래동생과 나는 어머니의 우려 없이 대학교에 수월하게 진학했다. 6남매를 줄줄이 고등교육을 위해 서울로 유학시키는 부모님의 학비걱정을 덜어드리기도 했다.

지금도 잠시간을 줄여 독서하고 내 인생을 쓴다. 아무리 열심히 살아도 인생은 짧은 것이다. 잠으로 축내고 싶지 않다.

내 인생에 최고의 교훈은, 어머니의 지나가는 낮은 말씀이었다.

"지금 잠자면 꿈을 꾸겠지만, 진짜 꿈은 멀어진다!"

책

책은 지식정보의 발원지다. 특히 인문학 서적은 감성과 이성의 언어 집합체다.

중세시대엔 책의 소유자는 권력자요 연금술사였다. 절반의 신神과 같은 존재의 부적 같은 거였다. 그 강력한 권력을 부수기 위해 진시황은 분서갱유를 벌이고 아라비아의 오마르1세는 알렉산드리아 도서관의 책들을 욕탕의 물을 덥히는 땔감으로 불 질렀다. 그러나 인간지력의 혁명이라는 인쇄술인 금속활자가, 세계최초로 고려시대=1234년에 발명되고, 서양에선 요하네스 쿠덴베르크가 1458년에 발명하여 소위 책이 널리 보급되기 시작하면서부터 지식은 누적되고 문명은 급속히 발달됐다.

인류가 다시 원시시대 원시인으로, 두뇌용적 500cc짜리 백치로 돌연변이 진화 또는 퇴화를 하기 전까지는, 책은 인간의 대리두뇌나 마찬가지다. 책은 지식뿐만 아니라 감성과 이성의 지혜저장고다.

책이 없다는 것은 또는 전혀 읽지 않는다는 것은 무뇌아나 마찬가지인 셈이다.

음악音樂

감성의 최고 대변언어다.

남녀노소 누구나, 유무식자 누구나 음악은 선천적으로 이해한다. 사람의 몸이 음악의 원천이기 때문이다. 자연이 음악의 원천이기 때문이다.

음악은 나의 슬픔과 괴로움을 달래는 출구다. 젊은 날의 고통을 음악으로 악을 쓰며 치유하고, 죽음의 비애를 음악으로 눈물 흘리며 치유하곤 했다. 음악은 내 번민과 절망을 이해하는 동행이었다.

덩굴손에게 록 음악을 들려주니 유리창을 타고 벽 너머로 도망치듯 하더니, 부드러운 발라드를 들려주니 음악이 나오는 스피커를 빙글빙글 감으며 무성히 자라더란다. 식물과 음악의 반응관계다.

동양음악의 5음音은 화성, 수성, 목성, 금성, 토성에서 비롯되고 서양음계 7음音은 수성, 금성, 목성, 토성, 화성, 해, 달에서 비롯되었단다. 공자孔子께서 "악樂은 마음에서 비롯되는 것"이라 했다.

음악은 마음과 우주자연의 합일에서 비롯되는 것이지 싶다. 음악을 들을 때, 나는 나뭇잎이나 꽃송이 같고 구름 같아진다.

청춘

　청춘은 대개 20대의 젊은이를 지칭한다. 청춘은 뛰어 오르려는 가상한 용기와 희망의 발판에서 낙상하지 않으려는 몸부림의 시기다.
　대학 4학년이 되자 대부분 소시민적인 직업을 가지려고, 다른 말로 말하면 시시껄렁한 어른이 되려고 안달이었다. 나는 결혼이라는 깃발을 뽑느라 발을 헛디디고 말았다. 넘어진 채로 20대 후반부터 30대가 저물어갈 즈음 딸이라는 등짐을 지고 홀로서기를 했다. 산업역군을 부르짖는 1980년대에 책만 읽은 여자가 무얼 할 수 있을까? 옛말대로 '산 입에 거미줄 치랴'가 상수였다.
　청춘에 꾸던 꿈은 짓밟혀 으깨져서 조각조차 찾기 어려웠다. 생활의 빈대가 되지 않으려고 몸부림치는 동안, 고맙게도 시간은 저절로 왔다 가고 어느새 장년이 되었다.
　청춘의 고난 덕분에 인생에 철이 들기 시작했다. 사는 데 겁이 없어지고 긍정과 낙관의 지혜가 에워쌌다. 시련 덕분에 버리는 법, 거듭나는 법, 인간적인 사랑을 터득했다. 다행히 인생의 마지막 수업종이 울리기 전에 진정 청춘에서 잃어버린 것을 찾았다. 인생이 뭔가를 제대로 알기 위해선 사유의 꼬투리가 필요하다. 그 꼬투리는 열정, 자유, 종교, 공부 그리고 고난시련과 절망이었다.
　나는 지금 제2의 청춘을 산다.

인간의 관계

행복한 사회는 남녀의 관계가 아니라 인간의 관계로 형성된다.

"여자의 뇌량은 굵어서 여러 가지의 일을 동시에 처리한다. 하루에 6000~8000단어를 사용하며 2만 개 소리를 처리한다. 남자의 뇌량은 가늘어서 한 가지 일에만 집중한다. 하루에 2000~4000단어를 사용하며 7000개 소리를 처리한다. 여자는 무슨 말이든 할 수 있는 사이를 원하고, 남자는 아무 말 안 하고 그냥 알아주는 사이를 원한다."고 과학적 분석으로 남녀차이를 요약했다. 세상은 알아야 할 게 점점 많아지고 재미나다.

여자가 말이 적으면, 머리가 둔하거나 대화에 맞는 지식이 없거나 혹은 점잖은 척 잔머리를 쓰는 것이다. 옆사람과 말하면서도 주위사람의 눈치를 살피며 간첩 같은 촉수를 잘 뻗치기 때문이다.

남자가 말이 많은 건 안정감이 없거나, 못 배운 자의 과시를 말로 통치려고 하는 짓이다. 다식多識한 듯 박학薄學한데도 대중에겐 유식으로 통할 수 있으므로. 진실로 한 인간이고자 한다면, 자기인식이 절실히 필요하다. 남녀관계 이전에 먼저 인간관계를 진심으로 잘할 줄 알아야 한다.

인생

지구상에 던져진 그날부터 사자死者가 되어 지구표면에서 치워지는 시간까지의 존재유지기간. 인생에 대하여 수없이 질문하고 많은 대답이 쏟아졌지만 오직 하나의 정답은 없다.

자연을 보라. 어떤 동물, 새, 곤충, 벌레도 나고 죽는다. 인간도 자연물. 허虛.

바람에 시달리지 않는 꽃 없고 지지 않는 열매 또한 없다. 인생은 고행의 길. 고난 없는 인생 없고 또한 상실 없는 인생도 없다. 아무리 행복하고 아까워도 어제라는 시간을 상실해야 오늘을 살 수 있고 지금의 슬픔을 상실해야 내일의 평안을 맞이할 수 있다.

이런 과정의 반복 속에 인생은 성숙하고, 그리고, 그렇게 최후에 꽃 지듯이 지는 것이다.

백년 젊을 것처럼 호들갑 떨지 말고 천년만년 살 것처럼 어리석게 굴지 말아야 한다.

고생과 수행

　어머니가 평강의 마음을 흐리는 건 자식걱정뿐이다.
　오늘 산다 한들 내일 죽는다 한들, 나는 크게 염려하지 않는다. 다 치우지 못한 것과 내 주검은 남은 자들이 처리할 것이다.
　나에게 세상에 남길 만큼 귀중하고 가치 있는 것들이 무에 있으랴. 각종 살림도구와 비싼 의복도 쓰레기다. 빽빽이 쌓인 책들은 폐지꺼리요, 내가 쓴 시집과 수필집도 내가 뱉은 마음의 똥이니 그것도 한 줌의 소각꺼리에 불과할 것이다. 이게 인생임을 절실히 깨닫는데도 딸을 연민하고 걱정한다. 무자식상팔자가 못되는 어머니이기 때문이다. 스님에게 자식걱정을 여쭈었다.
　"보살님이 고생을 많이 했네! 이젠 끝났어요."
　"고생, 안 했는데요! 부처님께서 이 세상이 고해苦海다 하셨는데, 그 고해에 빠져 죽지도 않고 잘 헤엄쳐 왔는데요. 난 미치지도 않았고, 도적질하거나 구걸한 적도 없이 정직하고 성실하게 살아왔는데요. 사는 게 수행정진이잖아요."
　"? …… ! ……"
　스님은 머엉하게 한참동안 나를 바라보았다.

그 스님과 나는 가끔 같이 드라이브하며 잡가소리나 가요를 소리 맞춰 부르고, 음식점에 앉아 맛있는 밥을 함께 먹는다. 공양주보살이 하는 말. "우리 스님은 다른 분들과 절대 외식을 안 나가셔요."

하하, 나는 속세의 비구니다.

마음

나이 한 살 더 느니 철이 좀 난다.

마음은 모양도 없고 크기도 없다. 안팎도 없고 찢어질 것도 없다.

누군가 입에 발린 칭찬을 하면 잠시 기분이 느슨해져 미소를 띨지 몰라도, 부자가 되는 것도 아니고 인격자가 되는 것도 아니다. 누군가 침을 튀기며 험담을 해도 잠깐 짜증날 수는 있지만 그 험담이 손가락 하나도 부러뜨리지 못한다. 마음자리는 그 자리 그대로다.

게다가 생각이란 하루에도 오만 가지가 들락날락 오락가락한다. 그런 판에 어리석게 그 한 가지 칭찬이나 비난에 매달릴 게 무어냐. 돌멩이를 주워다 놓고 보석인 양 애지중지할 필요가 없다. 몰록 지나가는 바람소리일 뿐이다.

나이를 먹으니 철이 좀 든다. 남은 인생에 소원은 마음공부나 제대로 하다가 끝나면 족하겠다.

우애

손위언니는 나에게 폭군 또는 적군 같았다. 언니는 큰언니나 장남오빠와도 자주 티격태격했다. 손아래인 나에겐 갑질을 하기 일쑤였다. 큰언니에겐 "언니니까 양보해야지."고 동생에게는 "동생이니까 언니에게 양보해야지."였다.

큰언니는 먼저 성장하고, 동생은 윗사람들에게서 보고 배운 것이 많아선지 물려받은 것으로도 공부를 잘했다. 큰언니는 관용과 배려, 둘째는 자기애와 질투, 동생은 우애와 효심으로 유지되었다. 한 모태의 자식도 아롱이다롱이였다.

감정이 예술적이라면 이성은 철학적이다. 감정이 열정적이라면 이성은 비판적이다. 감정이 뜬구름을 따라가면 이성은 땅에 나무를 가꾼다. 감정은 자기중심이라면 이성은 우리중심이다.

부모형제를 감정적으로는 사랑하지만, 생활에서 효와 우애를 실천 행동하지 않으면 미성숙한 인격이다. 우애는 부모형제에게 먼저 행하는 예의라 했다. 나아가 인간 그리고 만물과의 사랑관계다.

진정 우애友愛란, 불변의 믿음과 보상을 바라지 않는 사랑과 예의를 지키는 우정이다.

너＋너＝나

'깨달으면' 말을 하고 싶지 않다. 말로는 도저히 표현되지도 않을 뿐더러 표현할 수도 없기 때문이다. 그러나 인생을 정리하기 위해선 말＝문자를 완전히 버릴 수가 없다.

나는 내 어리석음을 메우기 위해 문자로 공부를 했다. 석가모니나 공자, 소크라테스도 침묵으로가 아니라 말씀으로 진리 또는 진리에 이르는 길을 설하셨다. 직접 만나지 못한 우리 후세인은 문자의 공덕에 황감惶感해야 한다.

삶의 진리나 도리는 일상 속에 있으면서도 그것을 초월해 있다. 그러니 공부하고 배워서 깨우쳐야 한다. 일천 명에서 한 영웅이 나오고 일만 명 중에서 한 호걸이 나왔다. 아무나 영웅호걸이 되진 않는다. 하물며 선지자나 선각자임에랴.

내가 조금 안다고 하는 인생이란 게 어쩌면 '장님 코끼리 만지기'일지도 모른다. 그걸 알므로 목이 마른다. 그래서 껄떡거릴 정도로 읽고 읽었다.

나는 오직 '나다운 나'인 줄로 착각하고 살았다. 나는 수없이 많은, '남과 다른 남'에 의해서 만들어진 결과물이다. 그걸 깨닫는 데 참 긴 시간이 걸렸다. 나는 수없는 너와 너의 집합물이다.

글

 글을 쓸 때 아무런 욕심이 없다.
 단어 하나를 붙잡고 오래 생각하고 굴린 후 어느 순간 첫줄이 밀려나오면 그냥 주욱 받아쓴다. 마치 걷기의 발걸음을 내딛듯이.
 오른발이 나간 후 바로 왼발이 오른발의 앞에 놓이고, 왼발이 나간 후 즉시 오른발의 뒤꿈치가 들려야 앞으로 걸어간다. 걷기 전에 어디로 갈까를 결정하고서 나서기 때문에 헛걸음치거나 돌이뱅뱅이 치는 경우란 거의 없다. 장보러 가든 산책이든, 뒷산을 향하든 운동장에 가든 눈과 귀를 열어둔 채 성큼성큼 걷는다. 그러하게 글을 성큼성큼 주욱죽 쓴다.
 글을 잘 쓰려고 억지를 부리지 않는다. 다만 부지런히 알밤과 도토리를 저장하는 다람쥐마냥 종교, 음악, 미술, 영화, 책과 전람회장, 공연장과 여행의 세계를 순례하며 그 감동 감화의 알짜배기를 주워 모은다. 오래 씹는 동안에 깨달음이나 인식이 달라지기도 한다. 그리곤 내가 씹어 소화할 수 있는 것만 꺼내 쓴다. 두뇌와 심상의 것을 정제하여 쓴다.
 새로워진 나를, 새로운 문장으로 쓰려고 노력한다.

도구활용

새천년 21세기를 맞이할 때, 나는 행복한 노년을 살 수 있기를 꿈꿨다.

20세기는 전쟁과 살육의 세계1차대전 후 경제공황이라는 난관을 겪었다. 곧이어 인간의 생지옥인 핵폭탄으로 세계2차대전을 종식시키며 획득한 무기武器권력으로 권력국가가 생기고 물질주의 황금시대가 열렸다. 선진국마다 오일쇼크로 경제침체가 올 동안 최빈국에선 기아飢餓로 1년에 3만여 명씩 죽어갔다. 역사주기의 상향곡선과 하향곡선이 빠르게 오르락내리락한 극단적인 시대였다.

그래도 나는 꿈을 가졌다. 물병자리시대 뉴에이지New age=새시대를 열어갈 것을 기대했기 때문이다. 폭력적이고 야만적일 정도로 무분별한 발전을 이끈 20세기는 종언을 고했다.

인간은 종교를 통해 선하고 행복한 실존을 꿈꾸고 학문을 통해 번영을 실현해 왔다. 그러나 종교는 난데없이 이기적인 직업이 되고 학문은 난기류가 되어간다. 그동안 현대인은 지식을 상당히 축적하여 광범위로 사고할 수 있게 되었다.

메타포=은유는 자연과 영혼을 이해하게 하고 아르케=원

리와 아리스모스=수數는 자연이치를 연구하고 자연을 개발하는 과학의 도구가 되었다. 로고스=문장과 레토리케=수사는 인간에게 설파하고 인간을 이해 설득시키기 위한 도구다. 21세기의 현대인에게 공존공생하며 지구를 훼손하지 않으면서 번영하기 위해 필요한 것은 바로 이런 사고의 도구를 제대로 활용하는 힘이다.

오직 '아는 것이 지구별과 인간을 제대로 사랑하는 힘'이다. 우주가 무한히 방대하고 광활하다 해도 지구별만이 인간의 안식처다.

대순大順

걷기 시작하면 흉통이 시작된다. 계속 걷는다. 심장박동을 도와줄 손가락을 구부린 채 한 발 두 발 1분…… 3분…… 관세음보살을 마음으로 부르며 5분…… 눈을 먼 하늘에 두고 한 발 두 발 10분쯤이면 흉통이 가라앉는다. 걷다 보면 평안해진다. 고통을 이겨내려면 고통을 지혜로이 견뎌내는 시간이 필요한 것이다.

비 내리는 날에나 바람 찬 날에도 산책을 하는 것은 깨어있는 사람이기 위해서다. 비바람에 후려쳐지는 풀과 나무, 꽃잎을 산발하는 꽃송이를 만난다. 살기 위해선 태질 당하는 시간을 견디는구나. 잃은 만큼 새 힘을 키우는구나. 풀꽃 한 송이나 저 가로수로 사는 느티나무 한 그루도 풍상을 견뎌내지 않는 게 없구나.

"안녕! 안녕!" 산천초목에게 다정하게 눈인사를 한다.

사노라면 햇빛 환하고 햇볕 다사로운 날이 훨씬 많다. 맑은 날만 많으면 살기에 평탄할 것 같아도 365일 내내 해만 들어서는 생명체들이 기진맥진 시들부들 말라죽기 쉽다. 젖은 날 궂은 날이 있어야 제대로 살아갈 수 있는 것이다.

순리順理란, 생명체가 주어지는 여건을 받아들이고 견디며 사는 것이다. 그 고난시련을 잘 견디는 일, 버리고 잃으며 사는 것이 우주의 대순大順이다.

이율배반

오늘을 살고 있다. 하지만 오늘을 다 모르고 제대로 살지도 못한다. 하루 24시간이 어디서 와서 어디로 흘러가는지, 어찌하여 내가 사는 오늘을 내 허락도 없이 끌고 떠나는지 알 수 없다. 다만 오늘은 내일의 과거를 만들기 위해 존재하는 시간일 뿐이다.

다시는 어쩌지 못하는 시간. 최선을 다해 잘 산 것 같아도 후회와 아쉬움이 남지 않는가. 미련과 반성이 쌓이지 않는가. 과거란, 후회하고 참회하며 잘못에서 배우는 시간일지도 모른다. 미래는 과거와 오늘을 토대로 더 나은 인격으로 거듭나라고 주어지는 시간이다. 내일엔 더 성숙하고 익은 인격이길 바란다.

우리가 이렇게 사유할 수 있게 된 건 코페르니쿠스 덕분이다. 그는 신화적 종교 곧 전통신앙에 매몰되어 있던 시대에 사고思考의 전환을 일으키므로 해서 문명이 발전할 수 있는 원동력이 되어주었다. 거대한 둑이 쥐구멍에서 새는 물로 무너지기 시작한 것이다. 곧 이성시대의 서막을 열어젖힌 것이다.

생각해야 사람이다. 21세기 과학문명시대의 현대인이 신화놀이에 매이거나 혹은 종교놀이로만 도피한다면 어리석은 일이다. 잘 쓰면 양질의 삶의 도구요, 잘못 쓰면 인생낭비다.

생명수

어린 시절에 고요하고 아름다운 바닷가에 살았다. 모래성을 쌓고 조가비목걸이를 걸고 수평선을 바라보며 예쁜 꿈을 꾸었다.

20대에 청춘의 무덤이자 인생의 시묘살이인 결혼과 출산을 했다. 층층이 상전을 모신 여자는 하층계급이 되었다. 고귀하고 존경할 만해서가 아니라 밑도 끝도 없이 남편의 가족이므로 상전이 된 것이다. 여자는 삯도 없는 허드레 잡일꾼으로 전락하고 자기가 자기일 수 있는 방법은 없었다. 자랄 적 바닷가를 쓸어 엎는 건 현실이라는 쓰나미였다.

여자가 도피할 수 있는 유일한 곳은 한밤중과 책과 뜨개질이었다. 현실 쓰나미의 쓰레기를 치우고, 찢어진 마음을 깁고 기웠다. 여자는 부모의 눈길 손길이 닿은 오막살이집과 바닷가가 그리운 클레멘타인이었다.

부모란 멀리 있어도 믿음과 사랑을 주는 투명인간이다. 세상에서 왕따를 당한, 아니 부끄러워서 스스로 왕따를 선택한 여자는 부모의 인정認定과 신뢰와 기도로 살아남았다. 부모의 사랑은 값없이 주는 생명수다.

늙어감

늙어감은 젊음을 잃는 게 아니라 젊음이 지나간다는 것을 인정하는 것이다. 흐르는 냇물에서 같은 물에 발목을 적시지 못하는 것처럼 흘러간 시간을 붙잡고 있지 못하는 것이다. 늙어감은 삶의 경험을 축적한다는 것이며 지혜를 누적한다는 의미다.

대학시절. 군사정권과 유신헌법 제정으로 군사권력이 국민을 잡도리할 때 아버지와 막내이모부께서 대화 중에 이르셨다.

"20대 청춘에 마르크시즘에 열광하지 않으면 모자란 머리고, 생활의 주인이 된 30대에도 사회주의 이념에 매달리면 정신병이다."고. 두 분은 지성知性의 거울이고 애독가愛讀家였다.

청춘에는 열정의 광풍과 이상의 향기를 위해 달리지만, 생활의 주인공이 된 장년壯年에는 현실의 욕망에 동분서주하는 일꾼일 수밖에 없다. 이상을 버리고 열정을 잃어가는 것이다.

늙음에 들자 인생을 관조觀照하고 세상을 관음觀音하게 된다. 산책 소요하는 것이다. 늙음은 젊음이나 시대에 뒤처지는 것이 아니라 젊음을 가슴으로 인정하고 마음으로 너그러워지는 것이다. 늙어감은 현명해지는 것이다.

부디 현명하게 늙어가야 한다.

존재양식

에리히 프롬은 인간의 실존양식을 소유양식과 존재양식으로 구별했다. 소유양식이란 점유와 지배의 관계로 본 구별이고, 존재양식은 소유욕망을 버리고 인간의 유한성을 인식할 때 생기는 인간적 관계로 본 양식이다.

소비지향의 현대사회는 소유를 목표로 삼으며 소득=물질 획득으로 인간계층을 재단한다.

이미 입센은 〈인형의 집〉의 노라를 통해 자기 존재의미를 의식한 최초의 여자를 창작했다. 마크 트웨인의 〈허클베리 핀의 모험〉으로부터 노예해방의 불씨는 지펴졌다. 소유양식의 노예도 존재양식의 한 인간임을 인식한 것이다. 인간은 소유양식의 존재가 아니라 천상천하유아독존 즉 존재양식의 독존자임을 각성한 것이다. 물론 오래 길든 인식세계를 깨부수는 것은 어렵고 고독한 일이었다.

현대인은 자연조차도 소유와 소비의 자산으로 사용하고 또 대다수의 인간은 좀비-과거의 노예보다 못한 자본노예-로 전락하고 있다. 인류역사상 그 어느 때보다 지성적인 현대인을 자본의 소유양식으로 분류하는 깃은 범죄다.

한 사람의 노라가 되어야 한다. 한 사람의 톰이 되어야 한다. 우리는, 인간으로, 존재할, 권리가, 있다.

종합예술

영화를 종합예술이라고 배웠다. 그리 알고 영화를 2,500편 넘게 보았고 영화는 갖가지 예술의 범벅이라고 이해했다.

어느 때부턴가, 진짜 삶 자체가 종합예술이라고 절감했다. 영화에서 본 것들은 모두 남의 인생 구경하기였다. 영화 〈로마의 휴일〉 주인공처럼 영화 속 역사와 환경에서 살아보지 못함이 서운하기도 했고, 어느 땐 〈아무르〉의 주인공들처럼 아름다이 살다 죽고 싶어 하기도 했다.

그러나 내가 사는 현실-나의 삶이 곧 종합예술임을 깨달았다.

각종 예술문화, 법과 정치, 교육과 종교, 과학과 우주자연이 삶을 윤택하게 하는 도구다. 나를 주인공으로 세워주는 요소들이다. 삶=인생이란 작품 하나 완성하기 위해 모든 소품이 동원되었다. 큰 것과 작은 것, 단단한 것과 부드러운 것, 때림과 맞음, 찢음과 이음, 가짐과 버림……, 아픔과 기쁨, 선과 악이 뒤섞여 빛깔과 향기로 무늬를 지었다.

생명은 산고產苦라는 짧은 고통에 비해 위대한 선물이다. 산다는 것은 짧은 즐거움을 위한 기나긴 인내요 희생 봉사다. 마디마디 봄바람에 꽃처럼 핀다. 마디마디 겨울바람에도 꽃처럼 핀다. 불의에 맞서느라 찢어지고 피 흘리고 딱지가 앉은 삶은 고목의 목피木皮처럼 강하다. 얼마나 수많은 배경음악과 조명과 대사와 조연들이 오락가락했는가.

  우리는 모두 종합예술인 영화 한 편의 주인공이다. 그걸 쓴 글이 문학이다.

원단元旦맞이

새해 첫날을 맞이하는 의식.

해돋이를 맞으러 수선을 떨며 이동하느라 야단법석이다. 요즘사람들은 왜 저럴까. 어머니랑 제야를 함께 보내며 새해를 맞이하던 때가 그립다.

12월 31일 해저물녘에 산책을 나갔다. 천변의 억새밭에서 어린 새들의 조잘거림이 다정하고 선명하다. 둥지 찾아 안식의 밤을 준비하는 거다. 저녁놀이 서녘하늘에 발그레하고, 저녁이내가 포르스름하게 산자락을 감싼다. 평화롭다. 기린봉 위로 봉싯 열하루달이 부끄러운 듯 돋는다. 어느새 새들의 소근거림이 뚝 멎었다. 고요하고 적막하다. 동쪽을 향해 길게 달빛마시기를 한다. 몇 시간 후면 '풍남문'에서 제야의 종소리가 울려 퍼질 것이다.

해마다 다사다난多事多難한 법이다. 크건 작건 모두에게 바람은 부는 법이다. 정치인에게도 기업가에게도 근로자에게도 어린이들에게도 각자의 짐이 있을 것이다. 싸우고 이기고 견디고 지면서 2014년 청마년靑馬年을 살아왔을 것이다. 산다는 게 그런 것이다.

오늘 산 것처럼 내일도 그렇게 살아가면 될 것이다. 올해 마지막밤에 산 것처럼 내년 2015년 원단에도 그러하게 살면 될 것이다. 자연스럽게 순리의 발걸음으로.

  제야에 잠들면 눈썹이 희어진다고, 흐트러진 신발을 쥐가 물어간다고 바르게 놓으라고 했다. 청화로에서 막 구운 찹쌀떡과 시렁에서 골라온 홍시와 따끈한 감주를 야식으로 냠냠거리며 자정을 넘기고, 칭찬과 덕담을 들으며 오순도순 새해를 맞이하곤 했다. 돌이켜 생각하니, 새해 첫 시간을 깨어 있는 정신으로 맞이하게 한 것이다.

  나의 원단맞이는 여전하다.

부지런함

  일근세상무난사―勤世上無難事다. 부지런히 살면 세상살이에 별 어려움이 없으렷다.
  부모님은 늘 미명에 기상했다. 어머니는 평생 새벽기도 제단을 쌓았다.
  양친께서 낮은 목소리로 소곤소곤 담소하며 신문지나 책장을 넘기는 소리가 사박사박, 어머니와 가정부가 달각달각 그릇 부딪는 소리, 싸르륵싸르륵 쌀 씻어 안치는 소리가 아침 새소리처럼 들려왔다. 아버지가 대빗자루로 마당을 비질하는 소리가 스삭스삭 들리면 나는 기지개를 켰다. 참새가 감나무와 기와지붕 용마루에 앉아 째잭짹 아침노래를 지저귀면 먼 동이 훤하게 텄다.
  "아사가오(나팔꽃) 피었다. 어여 일어나거라!"
  부지런한 나팔꽃이 활짝 웃고 있다.
  부엌에서 조반이 완성되기까지 어린 나는 글을 읽었다.
  자식이 글 읽는 소리와 자식 목구멍에 밥 넘어가는 소리가 세상에서 가장 듣기 좋은 소리라고 어머니가 그러셨다. 아직까지도 이른 아침 내내 독서를 한다.
  전날 밤에 술이 얼큰해서 귀가하셔도, 자정까지 시인묵객들과 주안상을 마주하고 문담文談을 하셔도, 아버진 새벽어스름에 하루를 시작했다. 술을 즐기던 오라버니도 그랬다.

나는 아침형 인간. 아폴로민족의 기질과 생활교육의 습관으로 오전시간을 길게 살아왔다. 나의 부지런함은 부모의 유산이다.

일근세상무난사는 평생 지켜온 생활습관이다.

자본

　자본은 현세계의 최대권력이고 현대인이 추구하는 최대가치다.

　부정부패로 자본을 획득하고 축적한 천민자본이 권력이 되어갈 동안, 국민의 생명과 존엄성, 자유와 문화, 역사는 우후죽순같이 번창하는 경제력에 의해 깔아뭉개어졌다.

　삼풍백화점 붕괴사고를 기점으로 붕괴는 시작되었다. 대구지하철 가스폭발화재사건, 삼성 허베이스피리트 기름유출사고, 유병언 세월호참사는 기업의 폭리와 재앙의 고리를 지은 부정의 편법과 천민자본의 결탁이 빚은 대형참사들이다.

　김수창 바바리맨 사건, 서울대 성추행교수 사건, 벤츠 여검사 사건, 서울시향 박현정의 저질막말사건은 '땅콩회항사건'의 조현아에 비하면 조족지혈로 묻혔다. 재벌3세인 조현아 대한항공 부사장은 인격적 도덕적으로 실격이다. 천민자본과 부정자본의 은혜를 딸꾹딸꾹 꿀맛으로 삼켜온, 땀 한 방울 없는 자본가다. 그러기에 태연히 대한민국의 위상을 추락시키고 회사의 근로자를 노예로 취급했다.

　중국의 사마천이 자본가를 분류했다.

　보통사람은 자기보다 10배의 부자에겐 욕을 하고, 100배의 재산가는 무서워한다. 1,000배의 재벌이라면 그의 근로자가 되고 10,000배의 자본이라면 그의 노예가 된다고 분류했다. 오직 땅의 소산이 자본이던 시대다. 조현아를 그 시대로 휙 보내버리면 어떨까.

현대는 지성과 인권의 시대다. 교육받은 근로자의 땀과 성실한 근무로 대한항공이 세계적인 회사로 성장했다. 조현아는 땀 한 번 흘리지 않은 천민자본가다.

할아버지 조중훈 창업자는 인간에 대한 예의를 실천한 인격적인 분이었다.

지족知足

지족상락知足常樂이다. —족한 줄을 알면 늘 즐겁다.
지족상락知足常樂하라. —족한 줄을 알고 늘 즐거워하라.

어머니가 휘호해주신 '知足常樂' 서예액자를 1987년부터 식탁 옆에 걸어놓고 살았다. 홀로 딸애를 등짐처럼 지고 눈물 반 무표정 반으로 살 때에, 지족하고 상락하라니. 그런데 그 말씀은 생각이 되고, 생각이 습이 되니 그대로 되어갔다. 좋은 습관이 좋은 인생을 만든 것이다.

평생 집안일을 하고 산 여자인 나는 가끔 생활을 뒤돌아본다. 밥 짓는 연료가 엄청나게 변화했다. 내내 만족하며 밥을 짓고 살았다.

내가 어릴 적엔 장작을 산더미처럼 쌓아놓고 살았다. 짚이나 솔가리를 때지 않으니 족했다. 다른 가정보다 빨리 신식이 된 우리 집은 내 소녀시절부터 연탄과 조개탄난로를 사용했다. 화력이 좋고 발화시간이 길어 밥 짓는 시간이 단축되니 만족스러웠다.

그리고 청춘아낙 시기엔 3구3탄 화덕에 석유곤로와 전기곤로를 사용했다. 아무 때나 하고픈 음식을 장만했다. 10년전에 비해 대만족이었다.

점점 생활용품의 개발이 가속화되고 80년대 즈음부터 전기밥솥에 가스렌지를 사용했다. 지독한 연탄가스냄새를 맡을 일도 없고 불씨를 건사하느라 신경쓸 일이 없으며 무거운 연탄을 드느라 힘든 일도 없어졌다. 불과 반세기만에 참으로 편하게 생활하고 있다. 요즘 주방은 놀이터요 독서실이고 카페다.

불평하기보다 지족하며 살아왔다. 즐겁다.

정화淨化

깨끗해지기다.

몸이야 박박 씻으면 되지만 마음이 깨끗해지기란 어떤 것일까? 연습만 되면 목욕하기처럼 의외로 쉽다. 세심洗心하면 된다. 세심이란 타자에게서 배운 것들을 몽땅 잊는 것이다.

무엇 또는 누구에 거칠 것 없이 홀로 한참을 소요하다 보면 아무 생각이 없어진다. 그동안 쌓아온 관념의 철학이나 사상, 선악을 가르는 종교적 편견이나 오만한 지식들을 깡그리 잊어버릴 수가 있다. 홀로 있는 나는 '어떠한 나'일 필요가 없으므로. 한 번의 호흡도 되지 않는, 두뇌에 막무가내로 뒤엉켜 있는 언어를 말짱 잊어버린다. 그렇게 텅 빈 상태일 때 나는 한 그루 나무처럼, 한 무더기 구름처럼, 한줄기 바람처럼 된다. 자연의 음성-신의 음성이 속삭여온다.

사람은 나이 들수록 자신도 모르게 화장化粧, 분장扮裝, 변장變裝을 하고 가면을 쓰고 살아간다. 세심의 수련이 없으면 본래면목을 잃는 것이다.

순수하고 진실한 본래면목으로 돌아가는 것이 정화다.

정화는 신의 음성을 들을 수 있는 순간을 얻기 위해서다.

우화羽化

새로운 탄생. 완전한 성숙의 날개를 달다! 거듭나는 삶의 아름다이 변화된 모습.

시를 쓰는 일은 타성이나 어둠을 갉아먹고 새 마음의 새 노래를 짓는 일이다. 우화하는 일이다.

한 마리 매미가 3~7년 동안 막막한 어둠의 두엄 속에서 징그러운 굼벵이로 인고하고 독공獨工을 하여 날개를 얻는다. 날자, 날자, 날자! 매미는 나무둥치에 빨대를 박고 수액을 마신 후 애터지게 짱짱하고 쨍쨍하게 왜장쳐 본다.

매미는 얼마큼 빛을 볼 수 있을까? 상관없다. 목 놓아 빛을 노래하는 매미로 태어났으므로. 하늘을 나는 날개를 얻었으므로.

말이 길어지고 군소리가 많은 시詩나 문장文章은 독공이 부족하여 우화할 줄을 모른 거다.

뜨겁고 무더운 한여름의 매미날개 같은, 매미목청 같은 시와 문장을 쓰고 싶다.

세월

시간이 쌓여 세월을 이룬다. 시간은 아무런 자취가 없으나 세월은 만물에 족적 흔적을 남긴다.

시간은 영원으로부터 흘러와서 영원으로 흘러간다. 사람이 목격한 영원과 영원 사이의 긴 시간의 다리를 세월이라 한다. 그 다리를 건너며 각자 인생이란 그림 한 장을 완성해간다.

세월 이기는 장사가 없다. 모든 생명체는 살아온 시간이 길어질수록 쪼그라들고 오그라들고 시들어들다 죽어버린다. 아무리 보드랍고 어여쁜 '방안의 꽃'도 한세월만 흐르면 기세가 하늘에 닿을 듯 팔팔해진다. 그것도 한때. 마디마디에 열불나게 산 흔적인 실과實果 삭과削果를 매달 때쯤이면 죽음을 향해 부쩍 부쩍 기울어가고 생으로부터 멀어져간다.

인생이란 태어나서부터 죽기까지의 세월이 남긴 흔적이다. 백세百歲를 살아봐야 백세인생이 어떤 줄을 알 것이다. 가장 위대한 인생의 승리는 오래 산 인생-세월의 다리를 길게 건넌 인생이다.

물

원자구조 H_2O. 수소 두 개와 산소 한 개의 아름다운 구조 물질.

내 육체의 7할, 지구표면적의 7할이며 세상만물을 이루고 흩어지게 하는 4대원소 지수화풍의 하나. 물 없는 생명체란 없다.

물은 담기는 용기에 따라 어떤 형태로든 변화하는 유연성과 한 곳에 머물지 않고 대양과 우주공간을 향해 끊임없이 흐르는 연속성이 있다. 공으로부터 내게 와서 유용한 생명의 도구가 되었다가 나로부터 떠나간다. 물의 성질처럼 살 수 있다면 완벽한 인생일 것이다.

어느 산꼭대기 한 줌의 옹달샘으로부터 물길이 생겨 골짜기를 흘러 시내가 되고 시냇물 강물이 되어 바닷물이 된다. 길이 변하고 크기와 색깔이 변하고 내용물이 변하지만 물은 물이다. 물은 생명수가 되고 생활용수가 되고 오폐수가 되고 하수가 된다. 쓰임에 따라 갖가지로 변화하면서도 불평이 없다.

물처럼 살았다. 흐르는 성질의 유연성 덕분에, 신산한 인생길을 굽이굽이 에돌고 굽이돌고 폭포처럼 곤두박질하며 흘러왔다.

나는 생각한다. 오폐수로 흐를 때에도 내 본성은 H_2O였다.

동문서답東問西答

인생은 자주 동문서답이다. 동쪽을 물어서 동쪽으로 가려하나 서쪽을 대답해주니 목적지가 엉뚱해진다. 그래서 인생의 주인은 내가 아니라 신의 몫이라고 변명하는지도 모른다.

행복을 원하나 절망에 너무 익숙하고, 희망봉을 꿈꾸나 불안한 절망에 도달한다. 인생의 불확실성이다. 한 번만 살 수 있음이 천만다행이다.

어느 무덥고 가문 여름날 인도를 걸었다. 보도블록 틈새와 금간 블록의 틈새에 괭이밥이 빽빽 자라나 성냥골만한 노란 꽃들을 촘촘히 피우고 있다. 그 틈바구니에 누운주름잎의 코딱지만 한 보라색 꽃 한 송이가 고갤 쳐들고 있다. 에그머니나, 밟을 뻔했다. 경이롭고 애잔했다.

제 뜻과 어그러진 길을 걸어온 인생이 억울하다고? 아니다. 비록 자기 삶일지라도 문제의식 비판의식을 깨워 사유한 사람만이 그런 생각을 해볼 것이다.

더 나은 또는 남다른 인생을 위해, 나는 박토에서일지라도 최선을 다한다. 저 괭이밥도, 저 누운주름잎도 씨를 맺을 것을 믿는다.

비록 동쪽의 길을 벗어나 서쪽의 길을 걸을지라도 생명은 그 목숨의 값을 충실히 살아낼 수 있다! 그러므로 삶이 위대하다.

제 4 부

나는 이 땅에 발을 딛고 걷지만, 내 눈은 발밑을 보는 게 아니라 먼 하늘을 바라본다. 또 길 위에서 자주 묻는다. '나의 이상세계는 무엇이며 이상은 무엇인가?' 숲에 앉아서 묻는다. '제대로 살고 있니?' '인간적으로 살기 위해 과거, 현재, 미래에서 어느 때를 택하려는가?'

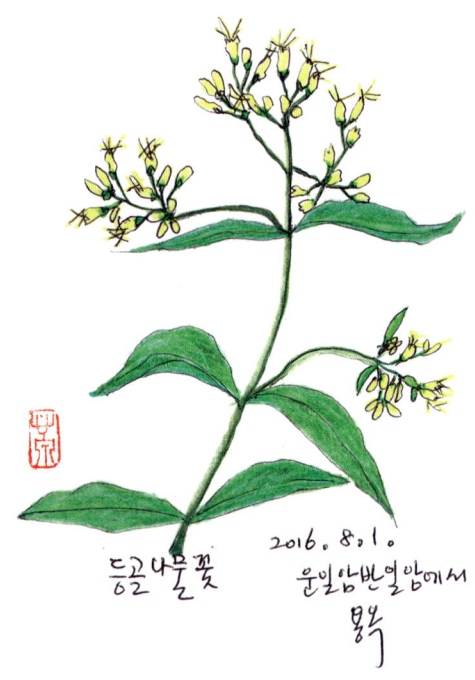

문학적 자립

문학은 개인이 자기구현을 한 창작예술. 사유와 표현도, 문학관 인생관도 오직 작가의 것이어야 한다. 문학은 예술이라고 인식認識하고 문인은 예술가라고 인지認知한다면, 문인은 어디까지나 '문학적 자립'에 진력해야 한다. 작가만의 정신과 영혼으로 창작해야 한다. 그렇게 되기까진 그냥 습작기일 뿐이다.

지명이 넘은 수필가가 자기의 과거나 일상을 늘어놓다가, 느닷없이 성현 철학자나 유명인의 명구나 어휘를 인용하는 경우를 본다. 다 아는 남의 이름으로 유유상종의 명사가 되는 듯이 착각하는 행위다. 자기 사유의 깊이가 얇기 때문이다. 뼈도 혈액도 없이 수다스러운 고생담이나 자랑거리 글은 더욱 가관이다.

무릇 작가는 습득한 철학과 종교를 뛰어넘어야 한다. 현자와 경서를 공부하되 베껴 쓰거나 모방하는 게 아니라, 인간과 인생을 사유한 그 자양분을 토대로 작가만의 나뭇잎을 펄렁여야 한다.

작가는 예술적 완성에 닿기 위해 프리미티브 아트 primitive art(꾸밈없고 어수룩한 느낌이 예술품) 시기를 열정적으로 겪어야 한다. 그 역사와 과거를 토대로 작가의 얼굴은 미래의 창공을 향해 들리는 것이다.

읽기와 쓰기

　밥을 굶을 때는 있어도 어느 하루도 읽지 않은 날은 없다.
　독서는 무수한 남의 것을 내 것으로 만드는 과정이다. 독서는 공부요, 공부로 획득한 지식과 상식과 그것으로 재창조한 지혜는 가져도 쥐어도 무겁지 않고 주어도 버려도 빈자리가 없다.
　'좋은 머리의 기억력보다 무딘 연필이 낫다.'는 내가 나를 가르치는 좌우명. 독서한 후 사색한 내 생각, 질문을 쓴다. 무딘 연필이 내 생각을 기록하면 내 이성과 감성을 성장시킨다. 이렇게 나의 성장을 위해 교육하고, 자아실현 즉 글을 쓰기 위해 계속 독서하는 것이다.
　노무현 대통령이 거의 마지막의 고통을 말했다. "책을 읽을 수도 글을 쓸 수도 없다."고. 그 지성인의 고통을 몇 사람이나 이해했을까. 독서와 저작에 분노와 비참을 느낀 마광수의 비애를 그 누가 알았을까.
　나는 지명知命부터 평소에 수시로 글을 써둔다. 그리곤 여러 차례 두고두고 첨삭교정을 한다. 서둘러 쓴 글엔 깊은 사유의 뼈가 없고, 또 이미 날아간 생각을 똑같이 불러올 수는 절대로 없다. 단어 하나로도 인생을 얘기하고 싶지, 일기쪽지 같은 글로 수다 떨고 싶지 않다. 남의 말을 비판하기 전에 내 글을 제대로 쓰는 게 진정한 창작정신이다.

글과 밥

대개 원고청탁이 있거나 동인지 발행일이 가까우면 글을 쓴다고 한다. 얼씨구, 그래서 글이 글답게 써진다면 그는 수재秀才거나 천재天才이겠다.

나는 평상시에 쓰고 쓴다. 그런데 그건 결코 완성작이 아니다. 자주 돌이켜보고 한 글자 열 글자를 고치며 기뻐하기도 하고 괴로워하기도 한다. 어느 문장은 열 번 쯤 첨삭하고 어떤 글은 결구 하나를 이렁저렁 뒤집어놓곤 한다. 어느 땐 절망스러워 덮어두고, 어느 땐 앞뒤가 흐트러진 오류를 발견하고 다행히 여긴다. 이런 과정을 겪은 글들이 원고청탁이 있을 때 최종점검되어 송고된다.

생각 또는 사유라는 것은 번개 같아서 어느 순간에 후딱 날아오는가 하면 강풍처럼 사라진다. 그런 것 중에 용케 붙잡아 둔 것에 수없이 마음과 시간을 투자하는 것이다. 날마다 여러 끼니 먹는 밥 한 그릇 먹을래도 88번의 손길이 가는 쌀에 마음과 일손을 써야 하는 것이다. 혹 후다닥 써댄 글을 읽으면 그 바닥의 얕음이 보인다.

80평생 하루에 세 그릇 밥을 먹는다 하면 87,600그릇. 사람은 그 중에 쓸 만한 것으로 새 피와 **뼈**와 살을 만들며 쓸모없는 분뇨를 버리며 살아산다.

글은, 숱한 이성과 감성의 밥그릇에서 피와 **뼈**와 살을 걸러낸 것이어야 한다.

글

흔히 묻는다. 어떤 소설, 어떤 시, 어떤 수필이 좋은 작품이냐고. 그 대답에 망설인다.

'좋은' 글이라니? 좋은 내용? 좋은 표현? 좋은 소재? 등등을 생각한다. 어느 글이나 오십 보 백 보, 대동소이하다. 심심하거나 멋쩍다. 슴슴하거나 시시하다. 오랜 세월 읽어온 축적 탓일지도 모른다.

그러나 '좋아하는' 작품을 대답할 수는 있다. '좋아하는'의 주어는 '나'이고, 결국 '나'를 탐문하게 하니까. 남의 작품을 빌어서 '나'를 알아채고 토로할 수 있게 하므로.

나는 일류소설만이 아니라 삼류소설도 이따금 좋아한다. 그 안에 생생한 생활현장에서 치열하게 자기를 연단하는 처절한 맛과 치열함, 인생의 저속함도 담겨있으므로.

범람 지경인 시세상과 수필세상에서 누구나 마구 써대는 자기경험을 남발濫發, 난발亂發하는 건 삼가야 한다. 그 시인 수필가만의 표현, 문투, 지성, 사유가 빛나는 글을 나는 좋아한다. 열에 아홉에 드는 작품은 창조적 문학에서 멀다.

누구나 쓰고, 아무나 쓴 것이 되는 글이나, 이웃독자의 입맛에 맞추는 글이 문학적인 좋은 글인가? 나는 수없이 질문하며 오직 '나의 시'와 '나의 수필'을 쓰려고 노력한다.

문학의 조건

산문(수필)쓰기는 객관화 곧 자기가 타인他人이 되어가는 과정이다. 문학이란 나를 쓰되 제삼자가 되는 일이다.

요즘 가장 읽기 고역인 것은 첫수필집이다. 개인사-개인의 자랑이나 가난 슬픔이 즐비할 뿐이거나 자료나열이 대부분이다. 수필이 동네친구와 군것질하며 늘어놓는 넋두리가 아니라 '생각하는 자'가 함께 소통해보는 질문 혹은 답이다. 글쓴이의 과장되거나 단순한 표현에 '글쓰기는 산고産苦와 같다.'고 하는데 그 또한 거짓말이거나 과장이다.

《길 위의 철학자》를 쓴 에릭 호퍼는 몽테뉴나 토스토엡스키의 저서를 외울 정도로 읽었다고 했다. 정확한 형용사를 찾기 위해 시간을 아끼지 않았다는 뜻이다. 이게 수필을 쓰는 사람의 태도다. 종이에 철자를 써서, 컴퓨터에 자판을 두들겨서 문장이 되고 문학이 되는 게 결코 아니다.

문학의 조건은 우선 배움이다. 배움이 차고 넘쳐서 흘러내린 결과물이다. 배움의 물길이 좁고 얕으면 누구나 종아리를 걷고 건너는 도링은 되겠지만 수생 생명을 기르는 도도한 강물을 이룰 수는 없다. 우선 채워야 비울 수 있다.

글짓기는 잘 익은 배움을 비우는 것이다.

멋진 수필

수필을 쓸 때엔 내일의 일, 다음 일, 죽을 일 같은 건 염두에 없다. 그냥 지금 그 글에만 충실할 뿐이다.

늘상 켜놓는 라디오 FM에서 흐르는 클래식을 듣듯이 쓴다. 맘이 시키는 대로, 눈에 뜨이는 대로, 귀에 들리는 대로. 그러나 두뇌와 심중에 오래 꽂혀있던 사유가 발심發心해야 쓴다. 남들은 돈벌이에 혈안인데, 아뿔사, 생활의 멍청이 나는 글에 천착하고 있다.

수필을 그림처럼 다양한 색깔이게 쓰고프다. 클래식 음악처럼 낭만적이게 젖어들게 쓰고프다. 처칠이나 링컨의 연설처럼 사회적으로 지성적으로 쓰고프다. 히말라야 등반가처럼 남들이 가지 않은 길을 여는 글을 쓰고프다. 어차피 수필로 돈 벌어 살기는 힘든 나라고 국민이니, 내가 쓰고픈 수필이나 쓰고프다. 나는 이 세계에 유일무이한 존재니까, 유일무이한 나의 수필을 창작하고 싶은 것이다.

수필은 구태의연한 작법대로 안 써도 된다는 걸 깨달았다. 수필은 디스=disrespect도 쓸 수 있다. 이 사회 정치 경제를 디스하지 못한다면 정치사회적 수필을 쓸 수 없다. 수필문단에 저격수보다 무서운 건 늘비하고 질편한 잡수필의 밭이 수필을 하류문학으로 끌어내리는 일이다.

수필의 새 길을 멋지게, 그 길로 누구나 걷고 싶게 숲속 오솔길처럼 쓰고프다.

시詩처럼

　시는 슬픔과 기쁨과 아픔을 고통하고 고뇌한 언어다. 시의 언어는 아무리 짧고 빈약해 보여도 그 뼈는 깊고 단단하다.
　요즘의 내 시는 골다공증에 걸린 양 허술하다. 미세먼지 마신 폐 같다. 신선한 공기를 마셔야겠다.
　인생에는 정확히 일체된 기승전결이 없다. 우연偶然이 일어나 필연必然이 되기도 하고, 아무것도 아닌 것에 걸려 운명이 만들어지기도 한다. 상관없는 일을 구경하다 발길에 걸려 남의 업장業障을 짊어지기도 한다.
　산정에 빠듯이 내려놓은 바위짐을 다시 짊어지게 하는 운명에 덜미를 잡히기 싫으면 바위짐이 굴러 떨어지는 방향과 다른 쪽으로 돌아서는 방법을 깨달아야 한다. 시행착오를 살아있는 내내 반복할 까닭이 없잖은가.
　인생은 끊임없이 변한다. 바꿀 수 있다는 말이다.
　시의 언어가 달라져야 한다. 시의 언어가 달라지면 산문을 사유하고 표현하는 방식이 달라질 것이다.
　선각자들이 설파하기를, 운명의 일부는 스스로 바꿀 수 있다고 했다. 의지와 노력이 그 힘이다.
　시처럼 살기 위하여 나는, 단호하게, 가끔, 운명 밖으로 바람난다.

시詩

시는 창조가 아니라 사유를 통한 발견으로 얻어지는 가공되지 않은 의식이다.

시는 철학과 문학 사이에서 미학을 모색하는 과정의 언어다.

시는 단순히 어휘의 결합이 아니다. 사상의 뼈에 살이 되는 언어를 입힌 글이다.

시는 때때로 자연과 문명의 불화를 고민하게 한다. 위악적인 문명에 길들여진 인간의 단절감을 알기 때문이다. 시는 잃어버린 순수와 선의 세계로 인도한다.

시는 은폐되지 않은, 존재론적인 사건에서 발견한다.

시는 개념이나 도구로 포장하지 않은 시인의 인식이다.

모든 문학은 시적일 때 가장 문학적이다.

수필의 묘사

　수필은 단지 줄글이 아니라 성숙 또는 완숙한 문학이다.
　가속도 시대에 철학의 사색과 박학다식한 생활을 조화로이 담는 최적의 글그릇이다. 이 좋은 그릇을 함부로 다뤄서 파편을 만들면 속이 상한다.
　작가의 기본 1번지는 관찰력과 묘사력이다. 관찰력은 아는 만큼 관찰할 수 있다. 묘사력은 상상과 사유의 색칠하기다. 그 완성의 결과물이 수필이다.
　꽃을 묘사하는데 자료를 나열하거나 뻔한 색깔이나 예쁘다, 환하다, 아름답다는 등등의 굴러다니는 어휘를 남발한다면, 읽을 맛이 없다.
　예컨대, 개나리꽃은 입학하는 어린이마냥 깔깔깔 피고, 앞산 자락의 진달래는 첫사랑에 빠져 뭉개진 여성의 가슴빛깔로 핀다. 벚꽃은 삼삼오오 난장을 떠도는 서민들의 봄나들이처럼 수선스럽게 피고, 붉은 장미는 교태 부리는 성숙한 여자 냄새를 풍기며 핀다.
　그런가 하면 사랑 묘사도 달라야 한다. 수채화 같은 청춘의 풋사랑이 가고 나면 중년의 사랑은 덧칠하며 완성하는 유화처럼 은밀하고 다양해진다. 노년의 사랑은 수묵담채화처럼 여백이 있고 고고하게 그려야 느낌이 팍 올 것이다.
　수필의 묘사는 수필의 미학이다.

실험수필

수필문학의 저변은 2000년대에 확 넓어졌다. 시의 홍수에 이어 수필의 벌판이 형성되었다. 이때쯤에는 수필문학에도 블루오션blue ocean(경쟁자가 없는 유망한 시장)이 필요하게 되었다. 수필의 풀밭이 아니라 광범한 잠재력을 개발해 가꾸는 수필의 정원이 요구된 것이다.

수필전문잡지 시장이 즐비하자 수필이 대량상품처럼 쏟아지고 수필가들이 잡지에 판매서비스를 할 지경이다 보니 수필독자는 끼리끼리가 되어갔다. 소위 동네상품이 되었다.

수필의 블루오션이란, 완전히 실험적이고 개척전략의 수필 창작이다. 기존의 관습적이고 구태의연한 구성, 기법, 발상, 일상소재에 구애받지 않은 창의적인 발상과 기법과 철학이 필요한 것이다. 작가가 구태구각을 깨지 않으면 새로이 비상할 수필은 없다. 사고思考의 집에 달려 있는 시류時流의 옛 문을 두드리는 것이 아니라 새 문을 다는 것이다.

가르치는 일은 두 번 배우는 일이다. 시대가 달라진 것처럼 달라지고 싶다. 물론 불모지를 개간하는 일이요 묵정밭을 뒤엎는 일이다. 풀밭을 없애기 위해 백두白툐를 심어 일석이조를 이루듯이 새 시대에 맞는 새 수필을 창작하고 싶다.

다른 사업에서처럼 수필계에서도 수필CEO가 나와야 한다. 운정 윤재천 선생은 수필문학의 CEO다.

수필문학도 이 시대의 거대 그룹이며, 현명한 인도자가 필요하다.

확신

지식인일수록 자기의 학문이나 의견에 대해 가지는 확고한 믿음이 있다.

그러나 이 세상에 확신할 것은 없다. 자연은 자연스레 끊임없이 변하고 있으며 인간의 생각도 변화하기 마련이다. 이전의 확신을 의심하여 새로운 질문으로 깨는 것이 발전이고 과학이며 생각이다. 그러므로 한 번 획득한 이성의 지식으로 모든 것을 재어선 결코 안 된다. 사실, 확신 그것은 한때의 믿음의 덫이다.

확신 중에 가장 무서운 오류誤謬는 종교에 대한 확신이라 한다. 종교인은 대부분 자기가 보고 싶은 것만 보고 믿고 싶은 대로 믿을 뿐이다. 확신할 수 있는 것은 무시무종인 자연의 순리와 우주의 섭리뿐이라는 것만 확신할 수 있다.

확신이 강한 사람일수록 편견이 심하다.

과잉 갑질

인간적으로 살고 싶다. 자연적인 식품을 먹고 살고 싶다.

인간과 먹을거리는 100% 땅에서 생산되고 살아간다. 곧 자연이 건강해야 인간과 삶이 건강하다.

과학발달로 지나치게 개량된 먹을거리가 인간의 유전자 변형을 초래할까 두렵다. 이미 46번째 변형유전자가 발견된 지경이다. 게다가 화학비료와 농약의 과잉살포로 공해물질이 축적된 땅은 휴작이나 윤작도 없이 농축산물 생산에 혹사 당하고 있다. 자연을 거스르는 행위가 과잉이다.

아동과 청소년이 자연스레 인간적으로 성장하면 제발 좋겠다. 인간은 자연과 더불어야 건강하게 살아간다. 지식 주입과 자본이 주는 특별교육으로 인간성이 돌연변이 되어 갑질인간을 양성한다. 자연적인 지구자연이 46%밖에 안 남았다고 한다. 인간적인 인간이 46%뿐이라면? 공포다! 특권의식의 과잉살포로 공해에 찌든 인간성이 범람하게 되었다.

지나치게 가진 자는 못 가진 자만 못하다. 지나치게 먹은 자는 적게 먹은 자보다 생명력이 짧고 불건강하다. 그들은 삶과 질을 높일 희망이 없기 때문이다. 갑질은 과유불급過猶不及이다.

자살

만물 중에 오직 인간만이 선택하는 행동현상. 스스로 스스로를 죽이는 일.

자기존재를 스스로 지구상에서 없애는 행위는 여간한 절망감이 아니고는 저지르기 어렵다. 나는 자살 미수자다. 죽음이 나를 걷어찼다.

생명은 본디 살고자 하는 본성이 있으므로 어떤 구실을 붙여서라도 살기를 원해야 한다. 그런데도 현재 한국사회엔 20년 새 자살이 3배나 늘어간다. 노인, 젊은이, 미성년자까지 하루에 8명꼴, 3시간에 1명꼴로 자살한다.

자살은 지독한 권태에서 시도한다. 현재의 삶이 무가치하고 허무한 고통이라고 생각될 때 무모한 죽음을 선택하고자 한다. 죽음은 허무의 완성이고 완전한 해탈이기도 하다. 죽음은 결국 삶의 끝이다. 두 번 다시 살아 볼 수 없다.

만물은 태어난 명命대로 살아간다. 탄생된 모든 인간은 오직 열심히 살 의무가 있다. 인간은 생명을 스스로 창조한 자가 아니므로 스스로 죽을 권리는 없다.

자살이 괴로움을 못 견뎌서 도피하는 비겁한 수단이어선 안 된다. 진실로 자살은 가장 진지한 철학의 문제다.

홀로서기

홀로 서는 사람을 존중한다. 진정으로 자유로운, 독립한 인격자이기 때문이다.

국회 마당에서 '환경의 나무' 라는 가상세계에서 자라나는 식물을 형상화한 설치미술작품＝예술나무를 보았다. 화려하고 단순하고, 반복형식으로 구성한 잘 생긴 작품이다. 볼수록 현대적인 감각이 전해지면서 마음이 편안하다. 38세의 여성미술가 빠키Vakki의 작품이다. 짝짝짝!

그는 능력 출중한 젊은이로 대기업에 입사, 10년간 근무했다. 그는 수없이 고용되었다가 사라지는 소모품처럼 가치를 부여하지 않는 '갑'에 대한 '을'도 '병'도 아닌 숱한 '정'에 불과하게 취급되는 자신을 발견했다. 회사에서 그는, 어디에 박혀있는지 보이지도 않는, 마치 자동차의 한 개 부품 같은 존재가치로밖에 느껴지지 않았다. 자기의 두뇌도 감성도 죽은 가치였다.

그걸 깨닫는 순간 그는 홀로서기를 했다. 옵아티스트(기하학적 형태나 색채의 장력을 이용해 시각적인 착각을 다루는 추상미술가)로 거듭났다. 60일 동안 매일, 밤에는 자고 아침에 기상하고 끼니마다 밥을 먹는 일을 반복하면서, 괴로움과 죽음을 잊고 편안히 산다는 것을 그는 간파했다. 그리고 그는 '환경의 나무'를 제작한 옵아티스트로 우뚝 섰다. 자기를 찾아 홀로 선 것이다.

  그의 나무가 경쾌하고 편안하다. 그의 인생이 경쾌하고 아름답다.

대화

너와 내가, 나와 우리가 소통하는 이야기가 대화다. 민주사회의 기본이다.

대통령의 연설 같은 일방적인 말하기는 대화가 아니다. 방송 마이크를 잡은 사람들은 권력가다. 뉴스나 토크쇼를 시청할 때 그들의 얼토당토않은 갑질발언에 분노, 울분이 생긴다. 각자의 편견을 진리 혹은 사실처럼 말하는 이 사회가 걱정스럽다.

JTBC에서 김제동과 방청객이 〈톡투유Talk to you-걱정 말아요! 그대〉를 방영했다. 손석희 사장의 뉴스만큼이나 신뢰가 가고 즐겁다. 보통사람의 고민을 듣기 위해 마이크를 방청객에게 들이대어 가정폭력, 갑질폭력, 성차별, 연령차별, 돈걱정, 집걱정, 결혼출산걱정, 직업차별, 미모우월사회 등등 천차만별의 발언내용이 드러난다. 방청객이 그냥 제 속을 털어놓으면 동병상련하는 사람들이 공감하고 격려한다. 물론 전문가의 연구적인 대화도 일조一助한다. 시청자도 서로의 자잘한 괴로움과 슬픔이나 분노를 한통속이 되어 이해받는 기분이다. 이것이 시청자와 방송인이 더불어 대화하는 진정한 '토크콘서트'다.

마이크권력자들이 국민을 세뇌시키는 갑질을 하는 건 더 이상 민주주의 방송도 아니고 국민을 위한 방송은 더더구나 아니다.

잉여예술

 살아보니 뭐든 과유불급인데, 예술마저 과잉생산 되고 있다.
 예부터 문사-문인에게 명예의 관을 씌운 우리나라다. 산업열풍이 가시고 생활이 넉넉해진 21세기에 들어서자 인문학을 내세워 환상을 부추기고 있다. 인문학을 알아야 소통하는 사회가 이뤄진다고. 시인이 2만 명 넘고, 수필가가 오천 명이 넘는 이 사회는 소통이 잘 되는 사회인가? 유럽의 좋은 사회는 민중을 위한 좋은 제도를 실행한 결과라고 증거하고 증언하건만!
 소크라테스나 공자와 제자백가도 메르스대처법이나 세월호참사 해결법에 아무런 조언이 없다. 석가모니와 무수한 승려들이 이슬람국가=IS와 인도의 비참한 성차별과 계급차별을 없애지 못하고 있다. 그런가하면 허접한 글까지도 문학으로 흡수하여 천민문학으로 재구성하고 있으며 온갖 교육원에서 노인에게 예술교육을 권장하고 있다. 이런 현실에서 누가 누구에게 문학과 예술의 적자라고 말할 수 있겠는가.
 사회인이 되기 전에 사상철학을 사유하게 하는 엄청난 문학작품을 500권쯤 읽은 후, 그 문학을 바탕삼아 독서하고 사색해서 획득되는 게 있어야 비로소 지혜로운 생각과 문학이 되는 글을 낳을 수 있다고 한다.

플라톤의 영혼이 환생해도 대한민국의 정부와 국회를 바로잡지 못하고 예수가 한국교회의 종탑에 다시 매달린다고 해도 그리스도 정신이 재생될 가능성은 1%도 없다고 생각한다. 노인을 청소년처럼 만들어 성장시키기는 하늘의 별을 따기나 마찬가지다.

너무 많은 노년들이 온갖 쓸모없는 예술활동에 집착하고 있다. 예술을 욕보이는 일이 될까 두렵다.

은사隱士

이 사회는 남을 딛고 서는 똑똑함을 진저리나게 좋아한다. 명색 고급교육을 받고 밥술깨나 뜨고 사는 사람은 염치없이 아무데서나 나댄다. 지식인일수록 각종 권력의 진흙탕에서 개싸움을 하는 꼴이 막장드라마보다 쌔고쌨다.

1960년대 한때, 청계천 거리를 지나며 "사장님" 하고 부르면 열에 열 사람 모두 돌아보았다. 콩나물시루처럼 들앉아 있는 가게의 사장들이다.

요즘엔 어느 모임에서나 "회장님" 하면 소리 나는 쪽으로 여럿이 시선을 돌린다. 회장이 널려 있다. 회장임기가 지나면 자기가 보통사람임을 지각知覺하지 못하는 인격결핍자가 많기 때문이다.

시답잖은 갑이 기회를 노려 저지르는 갑질은 환삼덩쿨이나 가시덩쿨 같다. 용龍 못된 이무기 같다. 나는 그런 갑을 과문한 척, 무관심한 척, 모르는 척한다. 꼴값에 함께 뒹구는 낙엽일 수 없어서. 잘난 척, 센 척, 가진 척하는 자의 얄팍한 회장놀이에 빠진 사람은, 죽은 사람 취급하는 게 상책이다. 보아도 못 본 척, 들어도 못 들은 척, 강 건너 바람인 척 한다.

이 시대의 은사隱士는 진흙탕에서 명예나 이득을 줍지 않는 사람이다.

뇌살이

뇌는 정신의 기둥이다. 뇌살이를 못한 채 살아있으면 식물인간이다.

뇌는 팔로우쉽 모드followship mode로, 기본적으로 전범 또는 모델을 세우고 따라하는 성향이다. 사람은 여럿 속에 끼어 있을 때 생존가능성이 높기 때문이다. 퍼스트 펭귄(물개에게 잡아먹힐 위험을 감수하며 맨 먼저 물에 뛰어드는 펭귄)이 되고 싶지 않기 때문이다.

요즘 창의성 운운하며 뇌호흡, 뇌운동, 뇌길들이기로 뇌의 능력을 발달시킨다고 부추기고 있다. 그러나 사람의 고등능력은 자기객관화를 할 줄 아는 것이다.

사람들은 대부분 다양한 직업, 각종 전공의 사람들이 어우러진 사회에서 살아간다. 당연히 타인을 제대로 이해해야 공존공생이 가능하다. 이것은 곧 뇌의 팔로우쉽 모드 덕분이다.

나는 혼자 있어서 뇌의 에너지를 집중적으로 사용할 때가 즐겁다. 벌이 날갯짓을 멈추고 꽃의 색과 향기에 앉아 꿀을 따는 것처럼 열중되고 재미나다. 날아다니던 생각들을 뇌에 끌어 앉혀 몰입 사유하고 글을 쓰는 시간은 정지된다.

겨우 신체의 2%무게의 뇌가 가진 23%의 에너지를 한껏 비우고 날 때, 나는 두 팔을 하늘로 들어 올리며 뿌듯해 한다. 뇌살이를 잘했다!

공평함

 햇빛은 공평무사하다. 개미 한 마리, 개미자리 풀잎 하나도 차별하지 않는다. 공평한 햇빛을 가로막는 건 인간의 욕망이 세운 물질과 견해다.
 나는 세상의 빛을 공평하게 받고 있다. 다만 사람들로부터 차별을 받으며 고통을 했다. 수필을 쓰며 다시 고통을 한다. 수필이 독자와 만나기 전에 잃고 잊어버린, 차별받은 자신과 새로이 만나야 하기 때문이다.
 꽃나무는 씨를 버려야 새싹이 트며, 꽃을 지워야 열매=씨를 맺는다. 씨는 본성을 잃지 않되 끊임없는 변화의 세계를 암시하고 내포한다. 변화란 한 세계 곧 묵은 세계를 버리고 새 세계를 여는 일이다. 어제까지의 과거를 버리고 새로 태어나는 것이다.
 요즘 나는, 세파에 굴러다니느라 잃어버린 자비심을 되찾고 있다. 햇빛처럼 자비는 본디 차별이 없고 무량한 것. 나에게 무량한 자비가 있었기에 지금껏 내가 살아있을 것이다. 살인자의 어머니는 살인자의 극악무도함을 생각하기 전에, 살인자자식이 불쌍하여 애통해한다. 병신자식이 넘어지면 어머니는 애끊어지게 가엾어 하며, 그런 자식을 낳은 자신을 원망하며 비통해 한다.
 어머니는 햇빛이고, 자비다.

사월초파일

　석가모니가 탄생하신 음력 4월 8일. 타인의 기쁨을 함께 기뻐하고 타인의 슬픔을 내 아픔으로 받아들여 신음을 하는 자비慈悲의 날. 만물중생이 부처로 거듭나도록 인도하는 날.
　햇빛과 찬란한 신록 속에 우리 함께 살아있음을 감사하고 축복하게 하소서!
　이 시공간에서 몸에 병든 이와 마음에 괴로움을 앓는 자와 함께 슬퍼하게 하소서!
　재산을 잃고, 암으로 고통하고, 사랑하는 사람을 잃은 사람이 수두룩한데 우리가 그들의 비애를 위해 기도할 수 있음이 행복인 줄 알게 하소서!
　우리의 눈과 생각과 마음을 깨어있게 하는 이 시간에 만족하게 하소서!
　죄 없는 몸과 후회 없는 맘으로 죽을 수 있게 하소서!
　누가 뭐래도 이 발원을 이루도록 하소서!

존재인식

 자기를 안다는 것은 천명天命일 것이다. 남이 결정하는 내 인생을, 그냥 그런 거지 하며 살고 싶지 않았다.
 어릴 적 견문과 학식이 많은 환경에서 자란 덕분인지, 나의 천명 곧 양심과 도덕률, 우애友愛에 대하여 저절로 배웠다. 그래서일까. 착함콤플렉스로 한때 그리고 때때로 괴롭고 약이 오를 적이 있었다. 아직도 이따금 그 트라우마에 시달린다.
 그럴 때면 생각한다. 만약 사후死後라는 먼 미래에서 편지가 온다면? 아마 '아픔이 아픔에게'라고 송달될 것만 같다.
 미래란 무엇이라도 그려볼 수 있는 백지다.
 좀 더 일찍 누군가에게 상담을 했다면 인생행로가 달라졌을까? 아니, 천명대로일 것이다.
 나는 어떤 색色일 때 우주 밖으로 떠나갈까? 저녁놀 번지는 공기색일 때면 좋겠다.
 마치 아이의 영혼으로 나라는 존재를 인식하는 것 같다. 거짓, 없다!

자기 성찰

나는 이 땅에 발을 딛고 걷지만, 내 눈은 발밑을 보는 게 아니라 먼 하늘을 바라본다. 또 길 위에서 자주 묻는다. '나의 이상세계는 무엇이며 이상은 무엇인가?' 숲에 앉아서 묻는다. '제대로 살고 있니?' '인간적으로 살기 위해 과거, 현재, 미래에서 어느 때를 택하려는가?'

나 또는 우리의 미래는 기계문명에 의해 박탈 당할지도 모른다. 나는 기계화면 속 인간형상과 언어를 일방적으로 보고 듣고 살게 될지도 모른다. 무감동, 무관계, 무차별적 공격과 박탈의 세계에서 고립무원의 존재가 될지도 모른다.

요즘, 노령인간들의 끝없는 욕망과 탐심이 겁난다. 저들의 욕망은 머지않은 죽음 앞에서 발악하듯이 날뛰고 있다. 자기의 인생을 고요하게 한 번도 관조 관망하지 못한 채 죽음을 맞을 것이다. 작은 동물이나 다름없이 썩어 문드러질 것이다. 자식에게조차 성의 결과물만 남겨준 것밖에는 아무것도 아니다. 부디 천명天命으로 받은 양심良心을 지키며 살고 싶다.

나이만큼 자기 성찰이 필요하다. 적어도 자기를 알고 살고 싶다.

아빠

　내가 어릴 적 부르던 노래를 외동딸에게 불러주며 키웠다. 늙은 어린이인 내가 이따금 그 노래를 부른다. 내 인생에서 가장 큰 사랑과 스승을 그리워하는 것이다.

　　자고 나니 눈이 무릎만치 왔구나.
　　아빠, 오늘은 학교 못 가겠어요!
　　아니다, 잠깐 기다려라. 내가 앞에 서서 걸어가면
　　내가 밟은 발자국을 딛고 오너라!

　어린 나는 나만한 생각과 판단을 갖고 살았겠지요. 어린이는 세상이 던져준 악운 불운을 헤치고 나아갈 줄을 몰랐지요. 그때에 아빠는 내가 헤치고 걸어가야 할 길을 안내해주셨지요. 아빠는 내 보폭과 힘에 맞춰 좁게 잔걸음의 발자국을 찍어주셨지요.
　그렇게 아빠의 인도와 지혜를 배워, 나는 멀고 넓고 큰 세상으로 걸어왔지요.

　나에게 그것을 가르치고 인생행로를 안내해준 첫 스승은 바로 나의 아빠다.

엄마

엄마란 혈족을 이어주는 사람일까? 아기를 낳았으므로 그냥 엄마일까?

오래전 전쟁기사에서 보았다.

전쟁의 화포와 총구가, 적이라는 나라의 민간인에게조차 살의의 불꽃을 뿜어댈 때였다. 적의敵意의 총탄은 남녀노소를 가리지 않았다. 전쟁을 피해 피난을 가던 수많은 민간인이 적의 총탄에 고꾸라지고 엎어지고 나자빠지고 피로 얼룩지고 짓이겨졌다.

한참 적막이 흘렀다. 시체더미 속에서 쌔근거리는 숨소리가 들려왔다. 웅크린 듯 엎어져 있는 여자의 머리채를 잡아젖혔다. 아기가 죽은 어머니의 젖을 문 채 맑은 눈을 떴다. 유일하게 살아남은 생명이었다. 어머니는 죽어가면서도 아기의 방패가 되어준 것이다.

우리 엄마가 그와 똑같은 사랑으로, 아무 상관없는 총구를 나에게 겨눈 속인들에게, 나의 방패가 되어주어, 나에게 세상 빛을 누리게 했다.

엄마! 생명을 낳아주어서 엄마가 아니다. 죽음이 덮칠지라도 자식에게는 세상빛을 주기 위해 마지막까지 사랑을 실현하는 사람이다. 어떤 난관 설망에서도 내 편인 사람은 오직 엄마뿐이다. 엄마만이 보상을 바라지 않는 완전한 사랑이다.

나의 엄마처럼 나는 내 딸의 엄마다.

벗

살아있는 한 우애友愛를 지켜 갈 수 있는 사람.

잘난 것 없는 그대의 발걸음에 의심 없이 동행하는 사람.

그대가 외롭다 힘들다 괴롭다 느낄 때 곁에서 묵묵히 지켜보아준 사람.

그대가 그대의 이익에만 눈이 멀어도 그대가 어둠에서 눈 뜨기를 기다려주는 사람.

그대가 삶의 방향을 잃고 혼란스러울 때 지혜의 손가락으로 안내하는 사람

그대가 아프거나 지칠 때 따듯한 죽 한 그릇 물 한 대접을 말없이 건네주는 사람.

그대가 누군가의 비난의 화살에 겨냥될 때 의심 없이 방패가 되어주는 사람.

그대가 벗의 햇살 햇빛 햇볕을 발견하지 못해도 저만치 해로 떠 있는 사람.

사실로 그리고 진실로 그대 이외의 모든 타인이 벗일 수 있다. 그 점을 인식할 줄 아는 사람이 또한 누구나의 벗이다.

나

 "너는 누구처럼 살 필요가 없다. 인생은 자기의 단맛을 찾아 먹고 사는 거란다." 밤을 잊고 소설에 열중하는 열다섯 살짜리 소녀에게 아버지는 조언하셨다.

 미취학 시절부터 예수님을 믿었다. 성장기에 역사적으로 위대한 성현들을 존경했다. 불혹 즈음부터 노자老子 장자莊子에 빠지다가 석가모니를 읽고 닮기를 원했다. 그동안 외동딸의 목숨과 삶을 우선으로 삼고 살아갈수록, 오직 내 부모가 내 생명과 내 인생을 함께 꾸려주신다는 걸 통감했다.

 지천명의 나는 오직 내 발걸음으로만 오솔길 같은 내 인생행로를 낸다는 걸 절감했다. 나에게 자살충동과 종교에서 벗어날 용기를 준 불혹 즈음의 선몽先夢 예지몽豫知夢이 생각났다.

 꿈에서였다. 검은 장막의 옷을 펄럭이는 두 저승사자와 함께 날아서 염라대왕 앞에 섰다. 숱한 사람들이 빛과 어둠 속에서 우왕좌왕 갈팡질팡, 어느 누구도 환한 얼굴이 없다. 아무에게도 내 눈은 머물지 않았다. 그때 염라대왕이 말했다.

 "너는 여기 누구처럼 있을 필요 없다. 네가 가고 싶은 길로 나가라."

나는 이리저리 그들에게 닿지 않고 어둡고 긴 계단을 내려왔다. 발이 땅에 닿자 환한 빛살이 온 세상을 하얗게 비추고 있었다. '나는 눈을 번쩍 떴다.'

그 후로 다시는 삶을 의심하거나, "넌 왜 ○○처럼 살지 않느냐?"고 '누구'에게도 질문하지 않았다. 오직 나만이, 나 홀로, 나의 발걸음으로, 나의 길을 낸다는 걸 깨달은 덕분이다.

나는 오래 참고 살아서 인仁을 이루는, 무엇보다도 사람다운 사람이어야 한다.

스승

이 땅에 먼저 태어난 사람 소위 선생님. 먼저 깨달은 자나 지혜자로 진실로 타인에게 인생의 등대가 되는 사람. 불치하문不恥下問이니 세상나이와 상관없다.

대부분 초등학부(초등학교), 중등학부(중고등학교), 고등학부(대학교)를 거치는 동안 상당한 수의 선생을 만난다. 그들은 대부분 직업이 선생일 뿐, 슬프게도, 인생길을 가르쳐주고 안내하는 진정한 스승은 되지 못한다.

스승이란 '진아眞我를 아는 길'을 안내한 사람이다. 스승은 평강, 인내, 용서라는 덕목을 가진 사람이며 자비심과 지혜를 지닌 사람이다. 무엇보다도 제자가 평생 신뢰할 수 있는 스승이 정말로 스승이다.

내가 성장하고 살아오는 내내 최고의 사람스승은 부모였다. 그리고 언제나 내 가까이, 대지에 가득한 식물과 지수화풍이다. 감사하다.

극복

홀로 있을 때, 이별한 사람이 못 견디게 그리워질 때가 있다. 주변사람을 의식할 땐 그들에게 관심 있는 척하며 그리움을 잠시 밀쳐둘 수가 있지만, 이별의 아픔은 때때로 도진다. 고통스런 이별에 제대로 아플 수도 슬퍼할 수도 없었기 때문이다.

세월호참사 후 안산고등학교는 학교생활을 얼른 정상화시켰지만 그 소년학생들은 억지로 규칙을 따르고 있을 뿐이라고 했다. 황당하게, 바보같이, 어른의 명령에 착하게 따르다가 사형당할 죄도 없이 죽임을 당한, 친구들의 모습이 생생한데…… . 그들에게 소년답게 싱싱하게 앞으로 나아가라고, 과거를 재빨리 잊으라고 어른들은 충고한다. 졸지에 죽은 친구의 친구인 소년들은 '이렇게 엉망진창인 나라에서 열심히 공부해서 뭘 하자는 것인가!' 생각하는데 말이다.

그러나 소년이여. 재앙은 네 탓이 아니라, 우연적이고 불가피하다는 걸 어서 인정해야 한다. 그것이 극복의 시작이다. 그냥 가끔 울고 괴로워하면서 네 자리에서 네가 할 수 있는 일을 하자. 조금씩 견디기 수월해질 것이다. 괴로움에는 반드시 뚫고나갈 실마리가 있기 마련이거든. 천천히 네 마음과 생각을 따라가렴.

  30년 전, 폭력으로 병들고 망가진 육체와, 이혼으로 불리해진 현실생활의 괴로움을 극복하기 위해 하루에 한 발짝씩, 한 달에 한 발짝씩 걸었다. 한 발을 내딛다 보니 두 발짝 뗄 수 있었고, 괴로움과 절망은 서서히 극복되었다. 북풍한설을 견디면 언젠가 우수 경칩이 온다. 꽃샘바람을 이기고 새 힘 새 싹을 밀어 올릴 수 있는 것이다. 그 극복과정이 인생행로다.

  서두를 건 없다. 스스로 일어서야 괴로움과 시련이 극복된다.

남녀차이

나는 TV드라마를 별로 시청하지 않는다. 그런데 딸애가 '응답하라1994'를 소개했다. 그 시절에 대학생이던 자신의 청춘을 돌아보며 히히덕 킬킬거렸다. 거친 욕지거리 섞인 각종 사투리를 못마땅해 하면서도 함께 웃으며 보았다.

한 여대생이 남자친구들에게 질문한다. "새로 이사한 집에서 문을 열어두면 매연이 날아들어 죽을 거 같고, 문을 닫고 있으면 페인트냄새에 머리가 깨질 듯 아픈데, 어쩌면 좋겠니?"

대부분의 남자들은 "문을 닫아야지!"거나 "그래도 문을 열어두는 게 낫지." 두 가지 대답이다. 하이고, 무딘 남자들의 대답이라니! 에고, 답답하다!

그때 한 남자친구가 대답한다. "너, 괜찮니?"라고. 여대생은 비로소 환해진다.

문제해결의 만족스런 답은, 여자친구의 건강을 염려해주는 사랑 또는 배려심이 드러나는 대답이었다.

여자는 속내에서 한 단계 뛰어넘어가 있다. 이 대답의 차이가 남녀의 엄청난 차이다.

교훈

"네가 줄 수 있는 것으로 주고, 네가 할 수 있는 것을 해라."

어머니는 남을 바라보며 사는 게 아니라 하나님이 주신 달란트로 사는 거라고 했다.

성장기엔 세상의 모든 책을 읽고 모든 미술품을 감상하고 모든 음악을 귀에 익힐 수 있을 거 같았다. 또 내가 못산다거나 못살 거라고 여긴 적 없이 물질에 크게 부족함을 몰랐다. 사치품 갖기보다 그림 한 점 걸어두고, 원근 가리지 않고 여행하고, 호사豪奢하기보다 책 호사를 즐거워했다. 건강하고 힘 있을 때 봉사한답시고 고아원, 양로원, 정박아학교를 어지간히 들락거렸다. '보고 배운 도둑질'이랄까.

어머니는 명절과 성탄절 때마다 음식과 떡을 장만해 고아원에 날랐다. 성결교회 새벽성가대원들은 어김없이 우리집에서 새벽떡국을 먹었다. 아버지는 항상 빈자의 조력자였다. 한 과수댁의 외동아들이 군입대 하자 우리집의 가정부로 내 방에서 함께 살게하고, 그 아들이 제대하자 취직을 시켜 모자가 함께 살게 했다. 나는 그것을 보며 성장했다.

사람은 똑같이 존귀한 존재인데, 사는 형편이 다를 뿐이다. 그리고 사람인人 사람은 더불을 때 바르게 설 수 있다.

살 시간

 성현이나 위대한 득도자가 살 시간의 끝을 예지叡智하고서 며칠간 좌정하며 저승사자를 기다리거나 이승미련을 싹 정리하고 죽음에 들었다 한다. 나도 살 시간의 끝을 예측하고 싶다.
 인터넷과 핸드폰의 발달은 일상생활에 혁명을 일으켰다. 익숙한 가치관, 언어체계, 직업관, 인간관계도 엄청나게 변화하고 있다. 스마트폰으로 하루가 시작되고 저문다고 해야 할까. 자신도 모르게 타인의 의견에 동화 내지 세뇌되고 있다. 쓸데없고 기억할 가치 없는 정보 홍수에 빠져죽을 지경이다. 나 또는 인간은 점점 사라지고 무의미하고 탁한 공기가 삶의 주위를 휘돌고 있는 느낌이다.
 1960~70년대 곧 4.19민주항쟁과 5.16군사혁명 후, 군사정권과 월남전 파월장병 반대시위, 한일수교재개와 유신헌법 개헌 반대시위 등등, 지성인(당시 대학생은 고등高等한 지식과 의식을 가진 사람)의 저항문화가 거칠게 숨을 쉬고 있었다. 한편 국가의 권력 내지 폭력에 일반국민은 서서히 길들어갔다. 그때의 젊은 지성들도 분노와 증오를 품고서 소시민으로 적응할 수밖에 없었다. 그러나 잔뼈 때 굵은 의식은 쉬이

사라지지 않는 법이다.

그와 유사한 영향을 스마트폰에서 느낀다. 스마트폰은 별 흔적 없이 지갑을 헐어가고 시간을 갈취하고 의식을 마비시키고 있다.

나는 살 시간이 모자라다. 인간의 궁극적 행복은 인간답게 사는 것이다.

나는 지구상에서 가장 위대한 자연존재임을 자각하고, 자연과 더불어 자연스레 살고 싶다. 인간적으로 행복하게 살 시간이 많지 않다.

마음속 초상화

누구에게나 마음속에 바래지지 않는 그림이 있다.

열 살 무렵의 내가 키다리아저씨라고 부른 그는 첫 번째 이상형이다. 6.25전쟁 후, 희망원이라는 토굴에서 고아들을 돌보는 가장이었다. 그의 낯꽃은 자애롭고 이야기와 노래를 들려주는 목소리는 조용했다. 그는 월남한 철학자라고 했다.

고교시절의 은사 한 분은, 나를 가르친 적 없는 미술교사였다. 하숙방 서가에서 국전도록과 예술가의 생애와 고전을 빌려다 읽으며 함께 산책하고 진지하게 대화를 나눴다. 훤칠한 키에 바바리코트가 잘 어울리는 그를 찰톤 헤스톤이라 불렀다.

불혹 문턱에 만난 그 사람은 인격에 품격을 더한 친구다. 차 한 잔과 진토닉 한 잔을 즐겼다. 내 글을 모두 읽는 유일한 독자였다. 일대일의 성숙한 인간관계를 유지하는 낭만적 관계였다. 몇 달쯤 참 길게 연락이 없다 싶어 전화를 거니(처음으로) 그의 아들이 받았다. 그는 담배 한 번 피운 적 없이 폐암에게 끌려, 한 마디 말도 없이 저세상으로 떠났다.

살아있거나 죽었거나, 내가 그들을 떠난 지 참말로 오래되었다. 나는 그들의 얼굴과 음성을 가끔 꺼내 본다. 결코 잊히지 않는, 오묘한 향기를 풍기는 마음속 초상화이기 때문이다.

자녀는 새 꽃

꽃밭가에 앉아 새로 핀 꽃을 바라보며 꽃에 갇힌다. 사람꽃인, 유일무이한 나의 유전자 존속자인 딸에게 갇힌다.

딸과 동행하여 중국의 장가계를 돌아다녔다. 1,700m 산꼭대기로 공중의 전선에 매달려 덜컹덜컹 오르는 케이블카 안에선 관광하기보단 진땀과 본색을 드러내지 않으려고 안간힘을 다했다. 천길 단애의 벽에 얼굴과 손바닥을 대고 더듬으며 단애 너머의 풍경은 내려다보지도 못하였으니…… 일주일이 옴쓰라니 가슴 졸아드는 관광이었다.

난 고소공포증이 심하다. 중국 상해上海의 468m높이 동방명주타워의 꼭대기, 그 유리창 공간에서 창밖의 도시전경을 바라보지 못했다. 등을 안쪽의 벽에 딱 붙이고 후둘후둘 게걸음으로 돌면서 멀리 하늘만 보았다. 물위의 도시가 아름답기는 젠장, 빈 도화지만 본 셈이다. 남에게 폐를 끼칠까 봐, 안간힘을 다해 서 있을 뿐이었다.

집힉시전 딸애가 말했다. "지능뇌와 공포심을 감지하는 뇌가 나란히 붙어 있대. 그래서 두뇌가 좋을수록 공포를 크게 느낀대. 엄마는 IQ가 높아서 그래. ㅎㅎㅎ!"

사진을 보며 아직도 나는 떨린다. 1998년, 딸애에게서 처음으로 받은 외국여행 선물이 중국여행이었다. 친정어머니가 한시漢詩를 읊으며 그렇게나 아름답다고 하신, 공자님 고향 곡부와 무이구곡, 만리장성, 도연명과 이백의 흔적지, 장가계 원가계를 돌아보았다. 중국은 나의 기호嗜好여행지다.

딸애는 나에겐 언제나 새로 핀 꽃이다. 나도 내 어머니에겐 언제나 새 꽃이었다.

무능한 아군

친구란 혈통처럼 오래 친한 사람이다. 친구는 자기의 두 번째 인격일 수 있다.

나폴레옹과 병사들이 알프스산맥을 넘을 때였다

"고지가 바로 저기다!"에 지친 병사들이 힘을 내어 전진했다.

"이 산이 아닌가 보다." 한 번의 오판과 잔머리는 견딜 만했다. 다시 걸어서 봉우리에 닿았다.

"아까 그 산인가 보다!" 병사들은 전의를 상실하고 지휘관에게 분노했다.

전장에서 가장 무서운 적은 유능한 적군이 아니라 무능하기 짝 없는 아군이다!

우리는 흔히 사회를 말한다, 총소리 안 나는 전쟁터라고. 무능한 아군을 지휘관으로 삼지 말아야 한다. 무능한 아군이 탐욕을 부리면 부정부패가 발생하여 아군을 죽이기 마련이다. 부정부패는 자신뿐만 아니라 친구들과 주변사람들까지 씩히는 악성병균이다.

무능한 친구나 무능한 아군이 절대로 되지 말자.

서생원 실험

　서생원은 주로 사람의 주거지 옆에서 살지만 가축이 아니다. 왕쥐, 시궁쥐, 들쥐, 생쥐, 땃쥐, 캥거루쥐…… 각양각색이다. 아무튼 상당히 지智가 발달한 동물이다. 사람 먹을거리를 먹고 인체와 흡사한 생체조직을 가졌으므로 인간에 필요한 의약과 행동반응의 실험을 쥐에게 먼저 실험한다.

　나는 무자생 쥐띠. 웃는 말로 사람쥐다. 이따금 스스로 문진問診을 한다. 나는 거의 항상 환자상태였으나 눈치 채이지 않는 환자로 살았다. 신神도 누구도 남의 아픔에 관심이 없는 법이니, 어떤 제단의 제물이 되고 싶지 않았다. 나의 환부에 고견 탁견을 찾아 한동안 헤매다가 결국 스스로 문진할 수밖에 없었다.

　내 인생의 환한 명도明度는 학창시절로 끝났다. 채도가 낮은 색깔의 범벅이다가 거무칙칙하게 음습해지더니 병줄에 감겼다. 햇빛 한 점 없는 날의 단풍잎처럼 을씨년스러웠다.

　윌라르의 〈쥐사나이의 수첩〉을 읽고 영화를 본 후, 내 안의 쥐 같은 촉수를 끌어내기 시작했다. 그리고 나는 나를 실험쥐로 생각하며 견뎌왔다. 실험으로 명약, 특효약, 치료방법을 얻을 수도 있지만 쥐는 무서운 병이 들거나 죽을 수도 있다. 지금은 실험을 잘 견뎌낸 느낌이다.

  고난고통을 견뎌내기 위한 엉뚱한 지혜였다.

사람잡초

무성한 잡초 한삼덩굴 같은 사람이 있다. 아무데나 덮치고 설치는 사람 말이다.

그런 사람이 곁에 오면 나는 얼른 맘속으로 혼잣말 하고 비껴 선다. '네가 무성한 잡초라면 나는 예초기다.' '똥이 무서워서 피하남. 더러워서 피하지.' 사람은 나서야 할 때와 물러설 때, 무엇보다 가꿔야 할 사람을 깨달아야 한다.

산간에 혼자 살던 어느 돌중이 빈 땅에 고추모를 심었다. 돌중은 울력할 생각을 아니 하고, 게으름을 자연에 핑계대고 내버려두자 잡초가 자라기 시작했다. 머지않아 고추밭은 잡초가 덮쳐서 장악하고 고추나무는 흐지부지 잡초에 묻혀버리고 말았다. 잡초는 아무리 무성해도 잡초일 뿐이고, 돌중네 고추밭은 묵정밭이 되었다.

그곳이 밭이라면 잡초에 미련을 두거나 아까지 말아야 한다. 다만 제거해야 한다. 사람이 먹고 살아야 하는 먹을거리는 잡초밭에선 제대로 생장할 수 없는 법이다. 범죄가 악임을 가르치기 위해서 범죄자 우굴거리는 형무소에서 아이들을 교육시키지는 않는다.

부모와 스승, 친구는 제2의 인격이다. 선한 부모, 지혜로운 스승, 진실한 친구가 훌륭한 인격을 조성造成해준다.

돈은 도구

서민에겐 경제가 무지막지하게 어렵다고 한다. 집값으로 대변되는 인플레이션과 하우스푸어house poor와 신용불량자가 불어날 동안 '자본의 히틀러'는 세력을 불려갔다. 히틀러는 핍절한 경제와 생활의 불만이 만들어낸, 잔혹한 육식공룡이었다.

그러나 자본주의사회에서 히틀러가 된 돈의 위력은 허겁지겁 돈에 고용당하는 신新노예를 양산했다. 얼마 전, 청소년 반부패인식지수가 발표된 바는 경악이었다. "10년간 감옥살이를 할지라도 10억 원을 벌 수 있다면 부패를 저지를 수 있다."고 한 중고생이 17.7%, "아버지에게 원하는 건 재력뿐."이라는 대학생이 44%였다. 이런 판국에 우리는 무엇으로 돈과 화해하며 자녀 또는 젊은 세대와 융화할 수 있겠는가.

돈의 권세에 짓눌리지 않은 사람은 온화하고 사랑을 믿는다. 그런데 숱한 젊은 부부가 경제적 부담 때문에, 사랑의 존재인 2세 생산을 망설이고 있다. 그러나 저기 들꽃을 보라. 땅과 하늘이 거둠을 믿고 번성하고 번성하지 않은가. 사람이 들풀만도 못한 세상이 되었다.

빈곤국의 사람들은 어린이까지도 최후자산인 몸을 판다. 가난 때문에 인권을 잃고 황폐한 인간이 되는 것이다. 어머니로서, 특히 여성으로서 비참하지 않을 수 없다.

돈은 나와 사람을, 나와 사회를 이어주는 매개체일 뿐이다. 돈은 자기 주머니에 모아 가둬놓기 위한 물질이 아니라 우리를 더불어 살게 하는 유통도구일 뿐이다. 사람이 사람끼리 잘 살아가기 위한 도구다. 인간의 주인이 결코 아니다.

자연

자연은 절대로 반복이 없다. 다만 사람만이 습성을 만들며, 자연의 생사를 반복으로 착각한다.

한 포기 강아지풀이 봄에 나서 만추에 시들어 사라지는 생로병사를 거치는 동안 한 번도 어제와 똑같은 적이 없고 반복함이 없다. 울안의 나팔꽃이나 한 떨기 풍로초가 어느 하루도 똑같은 적이 없다. 인간도 한 번도 똑같은 적 없는 매일을 살다가 죽는다. 인간도 자연이다.

사람이 똑같은 곳을 반복적으로 지나가는 곳이 길이다. 사람이 왕래하기 편리하도록 산과 강을 가로질러 포장도로를 만들고 고속도로를 개설했다. 그 고속도로에서 자동차에게 납작하게 깔려 죽은 고라니나 길고양이, 개나 족제비의 주검을 가끔 보았다. 비 내린 뒤의 언덕길 포장도로에서 개구리 떼가 폴딱대며 풀숲으로 이동하다가 짓이겨져 죽어간 것을 보았다. 자연스런 생명의 이동로를 인간이 무질렀기 때문이다. 인간이 저지른 잔혹한 죽음이다.

잊지 말아야 할 것은, 자연은 언제나 인간의 동반자요 스승이라는 점이다.

절망

3년 전, 뉴스를 읽으면, 도저히 희망 한 톨도 가질 수 없는 상황에 우리는 처해 있었다.

절망은 개인의 일상적인 일-자고 깨고 먹고 일하고, 만나고 놀고 기도하고 독서하는 중에는 거의 일어나지 않는다. 대개 큰 조직사회나 정부, 국가에 대해서 절망을 느낄 때가 종종 있다.

18대 대통령선거 때, 나는 '기대 반'과 '설마'에 빠져 방황했다. 내가 '정의'를 향하고 '올바른 역사정리'를 바라고 '반만년역사의 나라의 자존감'을 회복하려고 노력할 사람에게 투표했으나 군사정권의 권력의 차일 아래서 성장한 사람이 당선되었다. 세계 각처에서 보도되는, 한국에 대한 신랄한 뉴스들은 한국의 언론에선 각색되거나 보도되지 않았다.

그러나 우리는 날마다 절망을 목격했다. 신뢰, 정의, 희망이 없는 사회엔 범죄가 우후죽순처럼 생장한다. 청소년범죄와 자살, 재력 권력의 부패와 국민에 대한 갑질, 국민의 경제와 안녕의 우롱, 국가의 악조건을 악용하는 정치와 군부의 야료, 파괴된 자연의 보복이 급증하고 있었다. 이런 불행한 뉴스에 자주 분노하고 울분하고 때로 절망했다. '시간이 가면 괜찮아질 거야!'라는 가장 허약한 희망조차 죽어갔다.

  내 힘으로 이 나라, 이 사회, 이 이웃을 위해 깨알 한 톨만큼도 낫게, 좋게, 환하게 할 수 없으니 더욱 절망한다. 내 글조차도 쓸쓸하다 못해 절망하고 있다.

  절망이란 살 의욕을 송두리째 잃어버리는 것이다. 그 절망에서 일어서기가 참으로 힘이 든다.

역사인식

역사는 시간의 오고 감과 더불어 한 세대가 가고 다른 세대 또는 새로운 세대가 옴으로 이어진다. 역사 없이 오늘의 우리 또는 미래는 없다.

우리 조국은 지구상 유일한 분단국가이고, 여전히 휴전중일 뿐 종전하지 못하고 있다. 조상신과 혈연을 최고 인연으로 섬기던 민족인데, 어쩌자고 동족을 철천지원수 보듯 하며 툭하면 비난이요 원성이다. 북한 동족에게 우리는 어떠한 존재 노릇을 하는가? 이 모두 누구 때문이며 왜 이렇게 살아야 하는가?

교육문화능력, 경제력, 생활력이 높은 우리가 아직도 조국의 역사와 당면문제를 직시하여 스스로 해결하지 못하고 있으니 한심하다. 그럴 수 있는 능력들을 엉뚱한 데에 사용하고 있다.

국가폭력(주민등록법 존치, 개인사찰, 국정원의 과잉애국, 위정자와 고위직의 부정부패……), 묻지마 폭력, 자살과 타살, 파렴치범과 성범죄가 증가일로다. 국민은 점점 불공정한 사회흐름과 부당한 인식방법에 적응하며 길들여지고 있다.

역사 속에 우리는 죽은 또는 무용한 국민일지도 모른다. 인권이 무너지는 것이 가장 두렵다.

제 5 부

나의 몸은 오늘도 거듭 태어났다. 어제의 죽은 세포를 밀치고 새 세포 새 혈액을 만들어낸, 어제와 같아 보이면서도 어제와 다른 새 몸이다. 날마다 흐르는 시간마다 몸이 이렇게 거듭나는데 내 정신도 새롭게 변하고 거듭나야겠다. 깨달을 때가 시작할 때다.
육신도 정신도 일신우일신 日新又日新이다.

상남자

소녀시절엔, 성性에 대한 눈뜸은 소설에서였다. 그것도 대부분 서양의 소설.

D.H.로렌스의 〈무지개〉〈아들과 연인〉과 〈채털리 부인의 사랑〉, 앙드레 지드의 〈좁은 문〉〈전원교향악〉, 마가레트 미첼의 〈바람과 함께 사라지다〉, 파스테르나크의 〈닥터 지바고〉, 스탕달의 〈적과 흑〉, 헨리 밀러의 〈북회귀선〉, 프랑스의 명작 〈O양의 정화〉와 〈낮의 외출〉 등등. 주워섬길 소설이 줄줄이사탕이다. 짜릿하고 아슬아슬하고 슬프고 놀라운 사랑들이었다. 늘 두뇌로 이해하고 감정으로 슬펐다.

대학생 때부턴 미국의 소설과 영화가 덮쳤다. 자본주의와 과학만능주의와 자유주의를 몰고 왔다. 성과 사랑에 대한 각종 연구결과도 단연 미국의 것을 선호하고 배웠다.

사랑의 엔돌핀은 3년 시한부. 사랑이 끝나면 성적인 관심에도 그 열정이 식으니 이별 또는 이혼을 당연히 여기고 새 상대를 찾아 방황한다. 로미오와 줄리엣의 아름답고 슬픈 사랑도 3년만 함께 살았다면 진즉 추하게 박살났을 거라며 키들키들 웃었다.

여성이 자본주의 시장으로 나서자 남녀 공히 인정할 교환

가치가 상실되었다. 남자가 경제적 물질적 안정을 보장하면 여자는 심리적 육체적 그리고 유전적 자손을 보상해주던 관계가 무너졌다. 나홀로세대, 미혼의 장년이 늘어난 이유이기도 하다.

미국의 '테러와의 전쟁'의 최고의 적敵인 오사마 빈 라덴이, 아프가니스탄의 아보타바드 안전가옥에서, 미국 해군특전단에게 사살되었다. 그 때, 오사마 곁에는 세 명의 부인이 있었다고 보도되었다. 오사마 그는 왈, 상남자-남자다운 남자였나 보다.

인류가 존속하는 한 남자와 여자는 아름다운 동행자 또는 동반자이면 좋겠다.

섹스피어라면?

인간은 환경의 영향을 받는 존재다.

섹스피어가 지금 이 시대, 대한민국에 다시 태어난다면, 그리 아름다운 소네트(연시)를 지을까? 희곡이나 소설을 쓸까? 수필을 쓸까? 아마 더 이상 문학작품을 생산할 생각은 추호도 없을지 모른다.

이 세상이 진실로 인간이 살고 싶은 세상인지, 인간이 제대로 살고 있는 것인지 알고 싶다. 그런데 말이다, 진실만으로 살고 싶어 하면서도, 그 진실을 알게 되는 게 불쑥불쑥 두렵고 걱정스럽다.

아마 옛 어른들도 두려웠나 보다. 그러기에 알아도 모른 척, 몰라도 아는 척 대충대충 사는 것이 상수上數다고 한 건지 모른다. 물 흐르듯이 산다는 것, 이만큼이 인간의 한계인지도 모른다.

섹스피어가 이 세상에서는 SNS만큼도 읽히지 않는 '걸작'이라고 생각하니 참 슬프다.

음악

　심금을 울리는, 세상에서 가장 좋은 소리. 나는 아직도, 내가 미처 들어보지 못한 천상의 소리를 기다린다.
　흔히 대중음악, 영화음악, 전자음악, 고전음악, 감성음악, 자연음악을 넘어 천상음악 곧 영혼의 음률을 기다린다.
　음악은 방황하는 심사를 대변한다. 듣다듣다 종국엔 클래식에게 경의를 표하게 되고, 자연음악에 귀를 기울이다 보면 천지화합의 소리를 드러낸다.
　나는 아직 발견하지 못한 음악세계를 듣고자 한다. 수없이 길들여진 음악세계에서 벗어나 여태껏 들어보지 못한 음악의 세계를 기꺼이 발견하고 싶다.
　내가 들어 본 최고의 음악은, 고요하고 적막한 밤바다에서 지구가 뒹구는 소리 원음圓音이다. 열린 귀로만 들을 수 있는, 지구가 생동하는 원초적 음악이다.

뇌동 腦動

사람들은 자기가 보고 싶은 것만 본다. 뇌의 편식이랄까? 그 정도가 한 사람의 앎이다. 그러니 자기의 지식과 정보를 최고라고 자부하는 건 문제다. 당연히 타인의 정보와 지식이 필요하다. 남에게 질문하여 잘 배우는 게 지혜다.

현대 뇌과학은 40대 후반에서 50대중반쯤의 뇌성능이 최고조라고, J 기드 박사의 '신경계신화(Neuromyth)' 연구결과를 발표했다. 뇌완성의 1단계는 18~20세 정도란다.

그 뇌훈련은 '안아주기'와 '이야기하기'다. 공부나 토로보다는 그냥 수다를 떨며 함께 이야기하는 것이다. 바로 옆사람, 이웃, 남을 지긋이 응시하는 것이다.

뇌가 움직여야 산야초 한 송이에 기뻐하고 차이콥스키에 감동한다. 예수를 안은 피에타 상에 눈물을 흘리고 천년 묵어 바래진 불화佛畵에서 영원한 도법道法을 읽을 수 있다.

나의 바깥과 다른 존재와의 끊임없는 관계가 나의 뇌를 움직이게 하고 나로 하여금 잘 살게 한다. '뇌농사'를 잘하려면 농부와 지수화풍과 미생물도 필요하다.

김제동 발언

　대한민국의 민중은 거의 다 양분논리에 빠져 있다. 기거나 아니거나, 내 편이거나 네 편으로. 도대체 타협 절충이 없다. 이해 양보가 없다. 화해 포용이 없다.

　민중총궐기대회의 참석자들과 차벽, 물대포로 대응하는 경찰들은 똑같이 노동자의 자식이고 서민대중이다. 그들 양쪽 모두는 차벽과 물대포 뒤에 숨어있는 썩은 권력과 재력가의 희생양이다. 경찰을 견찰犬察로 둔갑시키는 경찰수뇌부와 그 윗선의 지시 때문이다.

　그러니 민중끼리 싸우고 병들고 감옥에 수감될 일은 부디 만들지 말자. 2008년 이명박정부 때, 어린아이를 동반한 젊은 주부들의 촛불집회 같은 민주적 시민정신으로 궐기하자.

　이 나라 경제력의 원동력인 국민이 'IS'라고 치욕을 당해서 쓰겠는가?

　국정화 교과서라니? 국민의 정신과 마음까지 국정화 하겠다는 건가? 쉽지 않을 것이다.

　"종북가수 신해철이 비참하게 불귀의 객이 됐다. 다음은 빨갱이가수 이승환 차례다."고 태연히 협박, 폭언, 명예훼손을 왜, 누가, 하는가?

신해철을 죽게 한 의사는 무죄이며, 똑같은 방식으로 사람을 또 죽였다. 왜일까?

주진우, 이승환, 강풀, 김제동의 SNS에 협박 욕설이 난무하는데, 도대체 이들은 누구이며 법치국가 민주국가의 시민인가?

날마다 우리도 '김제동 발언'과 똑같은 피켓을 들어야 한다.

"마음까지 국정화 하시겠습니까? 쉽지 않으실 겁니다."

실험

　새로운 성과를 얻기 위한 시험 또는 예술의 신세계를 위해 도전하는 방법이나 기술의 시도를 말한다.
　나는 날마다 내가 살아가는 일이 곧 인생의 실험이라고 생각한다. 실험이란 과거와는 다른 행위나 실증 또는 다른 기대를 향한 도전이므로.
　나는 열 살 때 죽음을 처음 겪었고, 열여섯 꽃봉오리 시절에 자살을 실험했다. 결혼은 생판 낯선 남자와 인생행로를 동행하자는 모험이요 실험이다. 남이야 어찌 살든지 서른일곱 살부터는 자식을 혼자서 키우며 이 세상과 외로운 싸움을 하고 건넜다. 모든 게 처음으로 치러보는 실험이었다. 스무 살이나 불혹도 지천명도 난생 처음으로 살아 본 것이다.
　실험은 단번에 성공하는 경우가 드물다. 실패의 축적이 실험의 성공을 이끌어낸다.
　인생은 누구에게나 첫 번째 실험과 같은 것이다.
　나는 예순일곱 살의 이상한 봄을 처음으로 살아보았다. 날마다 새로운 날이 새고 어제와 다른 해가 뜨고 어제와 다른 내가 되어간다. 오늘을 난생 처음으로 살아보는 것이다. 또한 인생의 오늘을 난생 처음으로 완성해 보는 것이다. 재밌다.

2015년 성탄절 소식

　성탄절 전날 미명에 5층아파트의 잠자리가 달달달 흔들리는 바람에 잠을 깼다. 이게 무슨 일이람? 역사적으로 가장 편안한 땅이라는 '익산'이 지진의 진앙지라고 보도되었다.
　세계 곳곳에서 기상이변과 천재天災로 성탄절이 아수라장이 되었다. 미국 뉴욕의 기온은 23도, 중남부는 토네이도로 14명 사망에 40여명 부상을 입고 아수라장이 되었다. 영국과 남미도 홍수 폭우로 난리법석이었다.
　북미에서 가장 추운 지방 캐나다 토론토의 광장의 스케이트장은 물구덩이가 되고 미국 중남부에선 수십 개의 토네이도가 발생했다. 항공대란이 벌어지고 선물택배에 큰 차질을 빚어야 했다. 우루과이 강은 100년만에 최고수위에 오를 정도로 집중호우가 쏟아져 수만 명이 대피소동을 치렀다.
　반대로 콜롬비아는 극심한 가뭄으로 전력원인 수력발전을 하지 못할 지경이다. 중국은 따뜻해서 스모그가 최악의 수준으로 공항의 이착륙을 중단한 상태다. 인도의 뉴델리는 초미세먼지로 시달리고 있다. 이 모두 지구촌 온도를 3.6도나 올린 '수퍼 엘리뇨'때문이라 했다.
　지구의 고온화는 무엇 때문인가? 문명과 발전을 자랑하며 위세를 떠는 선진국의 화석원료 남용 때문이다. 지구자연이 불평하는 말을 귀 기울여 새겨들어야 한다.

구름카페문학상 유감

제2회 구름카페문학상 수상자는 마광수다. 소설 〈즐거운 사라〉, 〈가자, 장미여관으로〉의 작가다. 그의 수필집 〈나는 야한 여자가 좋다〉를 읽은 후 그의 낙천성과 특별성 혹은 개성 있는 작품을 애호한다.

그가 소설의 음란성 퇴폐성으로 처벌되는 것을 나는 반대했다. 왜냐하면 문학의 창의성을 통제 또는 억압 하는 국가가 잘못이라고 생각하므로. 예술적 소양이 저질저급인 나라이기에 마광수가 가위질 당한 셈이다.

1950년대. 전위적이고 정제되지 않은 틈새생각 같은 마르셀 뒤샹을 생각해 본다. '모나리자'에게 콧수염을 달고, 생활기구 양변기를 전람회장의 작품으로 둔갑시켰으나 비난이 아니라 예술의 개혁이라고 인정했다. '모나리자'의 미적 훼손을 큰소리로 항의한 미술관은 없었다. 이후, 뒤샹의 예술성은 문학에도 영향을 미쳤다.

예술에 있어서 표현의 자유를 인정하고 권장해야 한다. 표현의 선택은 예술가의 개성이고 특성이며 다양성의 하나다.

제1회 구름카페문학상 수상자 이규태는 저명한 신문칼럼리스트다. 사회적 수필, 잡학지식의 수필, 말하자면 칼럼 같은 '손바닥수필'의 거장이다. 구름카페문학상은 여타의 수필문학상과 달리 수필의 다양성과 미학, 나아가 수필의 존재감을 확실히 높이고 있다.

검은 사제

함세웅 신부는 한국의 민주화와 인권의 상징이나 마찬가지다. 1974년 천주교정의구현사제단을 창립하면서부터다. 그와 김수환 추기경님으로 기억되는 명동성당은 우리 민족의 민주화운동의 성지다.

나는 기억한다. 민청학련사건과 인혁당사건을. 또 각계의 인사들이 군사독재의 직속기관인 중앙정보부에 납치되어 엄청난 고문 – 물고문, 전기고문, 통닭구이고문, 성추행고문을 당했다는 것을.

함세웅 신부는 구속되자마자 욕질에 사제복장 제거, 게다가 옷을 홀라당 벗기었단다. 그는 감옥살이 2년간을 성서와 신학의 체험시간이며, 감옥은 공부방 또는 수련소였노라고 말했다. 하나님을 의지하여 국가가 저지른 핍박과 고난을 감내한 것이다. 그는 보통사람인 선량한 우리처럼 정직, 꿈, 지혜를 배우고 사랑하며 어린 시절을 보냈고, 평생 그런 인간으로 살아낸 분이다.

영화 〈검은 사제들〉에서 퇴마사 사제들의 고행과 시련, 자기를 도구로 쓰는 용기를 보며 오랜만에 함세웅 신부를 떠올렸다. 눈물이 흘렀다.

함세웅 신부. 그는 대한민국의 퇴악退惡 퇴마退魔를 살아서 행한 사제 퇴마사다.

표절

　표절사건에 대한 신경숙의 대처행위를 보니, 명색 작가란 사람이 참 얇기도 하다 싶다. 신 소설가는 치열한 작가정신 또는 자기비판정신이 거의 없는듯하여 쓰디쓰다.

　누구나 고전에서 배운다. 성서에도 "해 아래 새로운 것은 없나니 하나도 없다." 했지만 그것은 종種의 이야기다. 강아지풀 한 포기도 똑같은 것은 없나니 생명체는 오직 홀로 스스로 살기 때문이다. 다 같이 지수화풍 기운으로 살아가지만 천태만상인 것처럼 하물며 사람과 사람의 생각이야 두말하면 잔소리에 헛소리다. 그런데 문학에서 똑같은 문구나 문장 곧 표절은 엄연히 글도적질이고 죄악이다.

　문학에서 절, 문장, 단락을 베낀 것뿐만 아니라 똑같은 주제나 소재가 매우 흡사하면 표절이라고 한다. 요즘 인터넷에 떠돌아다니는 문장을 주워다 쓴 수필토막이 흔한데 이 모두 표절중독이다. 작가의식 불감증이다.

　소위 '쉬운 글쓰기'를 부르짖는 '인기작가'를 만들어낸 일에 독자의 책임은 없는가? 사유하지 못하는 독자를 출판사와 '주례사비평가'의 힘을 빌려 우롱한 셈이다. 이들이 합작하여 유명작가 신경숙, 돈 잘 버는 소설가 신경숙을 생산한 셈이다. '표절작가'와 함께 '표절출판사', '주례사비평가'가 부끄럽다. 비판과 사색의 능력 없이 유행병으로 소설을 읽은 독자 역시 한심하다. 글이나 지식이란 본디 알면 쉽고 모르면 어려운 것이지, 쉬운 글쓰기가 뭔가. 어휘의 빈약이 쉽게 쓰는 글쓰기는 아니다. 작가의식과 사유의 부족함이 쉬운 글쓰기가 아니다. 〈엄마를 부탁해〉가 대박난 나라인 것이 부끄럽다. 독자의 독서수준이 허접하다.

똑같은 불경을 읽었으나 이해하는 수준과 깨달음의 유무는 개개인이 다르다.

독설을 삼가려니 글쓰기가 팍팍하다. 에이, 부끄럽다.

예수 얼굴

인간은 태어나면서부터 교육되는 피교육자다.

나는 기독교 가정에서 성장했다. 예수는 보얗게 잘생긴 얼굴에 인자해 보이는 눈매, 멋지게 구렛나루와 턱수염을 길렀으며 머리칼은 예술가처럼 곱슬곱슬 길게 늘어뜨린 용모로, 인문학적인 꽃미남으로 인식했다. 잘생긴 서양인 모습이다.

그런데, 그런데올씨다! 다. 영국의 법의학자인 리처드 니브 박사가 예수 얼굴을 과학과 역사적 기술에 의해 복원했다. 그가 복원한 예수는 이렇다. 넙데데한 얼굴형, 짙은 눈동자, 턱수염, 고수머리, 검게 그을린 피부의 얼굴이다. 키는 150cm에 50kg 정도의 몸무게로 예측했다. 예수가 생존할 당시 갈릴리지방의 셈족 유골과 신약의 기록을 토대했다. 나는 이 모습이 예수라고 믿고 싶다. 차이가 좀 있긴 해도 한 종족은 거의 엇비슷하여 구별해내지 않는가.

로마시대의 예수는 짧은 머리의 로마인 모습이었다. 서기 400년쯤의 예수는 당시의 다른 성자들처럼 턱수염을 길렀다. 6세기경 동방정교회에서 예수는 긴 머리카락이었다. 오늘날의 모습 즉 곱슬곱슬한 갈색 머리칼에 흰 피부는 중세유럽시대에서 비롯되었다.

누구나 한 시대의 선지자로부터 또는 환경으로부터 자기도 모르게 피교육된다.

나는 예수를 서양 백인으로 인식하고 자랐다. 특히 미국에 의해 백인우월주의가 세계만방에 햇빛처럼 내리비치는 근대 현대를 통과해왔다.

아뿔싸! 엉터리꽁터리를 진짜로 믿고 착각 속에 산 셈이다.

선거

매우 필요하고 중요한 공복公僕을 뽑는 일이다. 초등학교 반장선거부터 한 나라의 국운이 좌우되는 대통령선거까지 선거정신은 공익정신이어야 한다.

선거판을 보면 깜냥이 안 되고 못 되는 어중이떠중이가 설치는 난장판 속이다. 썩은 기득권자에 빌붙은 신참조차 구린내를 풍긴다. 여당 야당을 구별하거나 차별할 수도 없이 하룻밤 불나방들 같다. 불나방은 불빛에 따라 색깔 곱고 무늬 고운 나비행세를 하지만, 백주 대낮에 훨훨 당당히 날아다니며 꽃에서 잎에서 활동하는 나비가 절대 아니다. 국회의원 출마자와 각종 의원들의 인상이 불나방같이 보인다.

정치판이 더럽게 변했다기로서니, 품격 인품의 기준인 신언서판身言書判의 잣대마저 부러트린 상태다. 문학판도 정치판과 피장파장이다.

문학적 역량이 높은 문인 발굴이나 문학수제자 교육이 세파에 밀려가버렸다. 금전과 작작궁하는 문단아류가 여당이 될 지경이다. 정치선거판을 바라보며 동병상련을 앓는다.

문학의 예술성, 창의성, 지성, 자존심을 패대기친 문학이 병마에 시달리는 느낌이다.

지식 知識

배워서 인식한 앎으로, 객관적 타당성을 갖는 판단체계. 지식은 사유, 성찰의 씨앗이 된다.

대부분 지식으로 직업-밥벌이를 한다. 과학자는 과학지식으로, 의사는 의학지식으로, 음악가는 음악지식으로 전문직업인이 된다. 지식의 다양성이 다양한 직업군을 형성한다.

그런데, 인간은 무엇이며 인생은 무엇인가? 알아야 하는 것은 지식이 아니라 지혜知慧다.

흔히 돈 잘 버니 좋다는 직업을 갖고 무난히 사는 것이 지혜인가? 대통령이나 국회의원이 진정 인간의 존재가치를 아는 자인가? 종교인이나 교수가 인생의 정도正道를 아는 자인가? 아니, 잘 알고도 똥을 싸서 뭉개는 것인가?

인생을 아는 사람은 고독하다. 산속에서 고승高僧 대덕大德이 되려고 고서 경서를 들이파느라 고독한 게 아니라, 속세에서 좌충우돌하여 다치고 아프며 인간과 인생을 깨달아서 고독한 것이다. 진실로 너무 아파서 고독해야 지식이라는 씨앗을 빌려 사색하고 사유해 보아야 인간적이 된다.

최고최선의 지식, 인간이 탐구할 마지막 지식은? 인간이 무엇이며 인생이 무엇인가를 깨친 지식이다. 생의 끝날 전에 그 지식을 꿰뚫기를 소망한다.

인생을 아는 사람은 인간에게 따스해진다.

예술수필가

예술가가 살아있는 곳은 예술작품이 존재하는 곳. 연주가는 무대에, 화가는 미술작품 속에, 수필가는 수필 속에 존재된다.

수필예술을 위해 전통적 고전적 사유를 배우고 현대적 미래적 쓰기를 지향해야 한다. 또 동서양의 역사와 예술을 익혀도 한국적인 사회와 삶이 한국인의 정체성을 보장하는 것을 확신한다.

미술에는 추상화, 실험미술, 설치미술, 상업미술 등등 추구와 표현법이 달라도 이해하고 포용한다. 음악은 악기의 다양성뿐만 아니라 그 내용, 기법, 표현력이 그야말로 요지가지다. 이렇게 다양한 창작기법이나 표현법을 수필에 끌어들일 수 없을까?

수필을 창작할 때마다 설렌다. 새로움을 추구하기 때문이다. 창의創意에 필요한 한 단어 한 문장이라도 새로이 창작하려 노력한다. 자기 견해, 자기 사상, 자기 종교관을 예술철학으로 창작해야 한다. 수필을 문학예술이게 하고 작가를 예술수필가이게 하고 싶다.

수필 정의

  수필은 언어공간을 이용한 사유의 토사吐辭다.
  작가가 인간관계와 체험을 퇴적하고 발효시켜 꽃으로 피워낸 전일全一한 자화상이다.
  사회의 구각과 타인의 가면을 찢어야 하는 책무의 글이다.
  현대인의 사색이고 동반자다.

맹수처럼

'맹수처럼' 세상살이를 하는 방법을 사유하고 닮게 살려고 되씹는다. 태어난 일은 내 뜻대로가 아니었고 젊어 사는 동안엔 세상과 잡것들의 눈치를 보며 살았다. 지천명 후론 맹수처럼 지혜로이 살기를 원해왔다.

맹수는 사납고 거칠고 무서운 힘을 가진 동물. 소위 호랑이, 코뿔소, 코끼리는 당당하고 의연하게 산다. 한국인과는 멀리 있다.

세상은 사람이나 물건, 추상적인 사랑과 지식까지도 차고 넘치는데도 사람살이는 오히려 치졸하고 추악하다. 잉여인간에 과잉생산 시대이나 그야말로 과유불급過猶不及이다. 그 속에서 나는 일도 맹수처럼, 소유도 맹수처럼, 건강과 죽음까지도 맹수처럼 하고자 한다.

맹수는 기본적으로 살기 위해-먹을 것을 얻으려 일할 때 전력全力과 최선을 다한다. 나는 아이를 교육, 양육할 동안 진력盡力하여 일했다.

맹수는 생명유지를 위해 꼭 필요한 만큼만 소유하고 저장하지 않는다. 나는 인간적 품위를 위해 도적질하거나 구걸하지 않을 만큼만 소유했다.

맹수는 과식過食하거나 포끽飽喫하지 않고, 필요한 만큼 움직이고, 충분히 즐거이 쉰다. 나는 때로 과식하고 과로하고 충분히 휴면하지 못해서 불편하다. 맹수는 스스로 그 때를 알고 의연하게 죽음을 맞이한다.

나는 호랑이나 코뿔소처럼 후손에게 먹히어 죽어가거나 코끼리처럼 무덤자리로 스스로 사라질 계획이다.

정치政治

정치엔 옳고 그름이 없다. 정치는 권력자가 중심이기 때문이다.

정치엔 승자와 패자만 있다. 역사를 통해 보면 승자는 권력자가 되고 권력은 반드시 부패한다. 그러면서 한 시대를 흘러갈 뿐이다. 국민을 위한 정치로 가장 옳다는 민주정치나 국민이 가장 선호한다는 자본주의정치도, 다음의 정치가에 의해 매장되고 만다.

어릴 적, 비가 내리면 그 비를 이용하여 어른들은 여러 가지 '비설거지'라는 걸 했다. 그러나 눈이 내리면 즉시 쓸어버리지 않고 눈이 그칠 때까지 내버려두었다. 환호하는 것도 잠시, 깨끗해 보이는 백설세상을 시적詩的으로 대하는 것도 잠시다. 일상생활을 불편하게 하는 눈을 조금씩 치워야 하고, 또 쓸어내지 않아도 녹아버리기 마련이다. 그러면 생활공간은 지저분해지고 불편해졌다. 마치 이런 눈과 같은 것이 정치다.

서재

서재, 가만히 발음을 하면 흐뭇하다. 서재라는 말을 몹시 좋아하지만, 그 좋아하는 말을 늘상 사용하지 못한다.

커피 한 잔 들고 서재에 선다. 생각을 추려볼까 하고 책상 앞에 앉는다. 나만의 공간에서 의자등받이를 반쯤 젖히고 앉아서 또는 우두커니 팔짱끼고 서서 빽빽한 책들을 훑어본다. 책들의 내용이 스쳐가는 것만으로도 배부르다. 아니 '뇌부르다'. 말장난 글장난을 실컷 하고 싶다.

방마다 삼면에 켜켜이, 아무 때나 손이 닿게 책이 쌓여있지만 대부분의 책이 옥상계단에 빽빽이 처쟁여 있다. 죄도 없이 어둠에 깊숙이 갇혀있는 책들. 소중하게 사서 읽은 책들을 다시 꺼내보기 어렵다. 곤때처럼 버려야 할 것들을 골라 버리고 또 버리는 중이다.

좋은 친구나 유익한 친구를 가끔 만나지 않는가. 참으로 지혜로운 책친구 그 얼굴을 보려고 눈에 띄게 꽂는다. 그리운 이름을 불러보듯이 책명을 읽는다. 명저는 평생 나의 절실한 친구다.

서재는 내 정신의 창고요, 마음의 보고다.

시련

인간의 성숙에 필요한, 견디기 어려운 고난이나 인격 시험試驗. 시련 없는 인생은 무르익을 수 없다. 인생이란 두뇌만의 형이상학이 아니라 영육의 생활이며, 끊임없는 인내와 극복의 과정이다.

아무도 시련을 자청하지 않으나 그 불청객은, 삶의 모퉁이에서 느닷없이 우리를 걷어찬다. 그 불행의 강을 건널 때 죽을힘 다한 열정으로 헤엄친다. 삶과 목숨에 가장 정직한 시간이기도 하다. 인간을 제대로 보고 인생의 피눈물을 배우는 시간이다.

사람을 상대할 때 '그 사람의 크기'를 생각한다. 그가 막 돋은 어린 나무라면 잘못 밟은 실수로도 죽일 수 있다. 스스로 살 만큼 뿌리와 몸통이 성장한 나무는 이식하거나 전지를 해도 곧 힘을 챙긴다. 거목은 억센 폭풍우나 지독한 가뭄에 일부를 상처받고 삭정이로 버릴지라도 아프면 아픈 대로 그 자리에서 흔들리지 않고 산다.

특히 종교인, 예술인, 전문가를 만날 때 자기맹신과 과격함을 발견하면 괴롭다. 어린 싹은 발자국 한 번에도 죽을 수 있다는 것과 세월이 무성한 거목은 성한 것이 없음을 기억해야 한다. 누구라도 인생의 지자임을 인정해야 한다.

부정의不正義

과거는 결코 죽거나 사라지지 않는다. 다만 지금의 드러남이 아닐 뿐, 현재시간 속에서도 말하고 행동하는, 보이지 않는 실체다.

가끔 고인故人 노무현을 생각한다. 그의 육신은 땅 아래 흙 속에 묻혔을지라도, 그가 이루고자 애쓴 민주정신과 민중정신은 살아있다. 그를 자살(환경 정황이 너무 드라마틱해서 믿기지 않지만)로 유도한 전임 대통령 이명박은 살아있을지라도, 국민에게 심은 분노 절망과 그의 몰인격으로 실존을 인정받지 못한다.

나는 보았다. "문지방에 앉지도 서지도 말라."와 똑같은 사람들을. 어리석은 자는 문지방을 넘으려고 경계인을 물어뜯는다. 권모술수에 능한 자는 문지기로 잠시 써먹을 뿐이다. 그도 저도 아니게 입을 다무는 자는 자기 이익밖에 모르는 소인배일 뿐이다.

세상에 자료는 널려있다. 관심을 가지면 숨겨진 것들을 찾아 쓸 수 있다. 왜 숨겨진 것일까? 세상 제일가는 부정의不正義 때문이다.

부정의의 진실은 국민으로 하여금 하고픈, 해야 할, 할 말을 못하게 하는 것이다. 우리는 아직까지도 오래된 독재 속에 길들여 살고 있다.

여행

사막 또는 아프리카의 평원을 떠올리며 특이한 꿈을 꾸곤 했다. 어둠속에서 두 손을 내밀어 흘러내릴 듯한 은하수를 받아 마시며 별의 정령으로 거듭나는 꿈 – 수수께끼 같고 얼토당토않은 어릴 적부터의 꿈의 노래에 귀를 기울이는 것이다.

여행을 떠날 때, '잃어버린 꿈을 찾아서' 또는 '미처 몰랐던 지혜를 찾아서'를 염두에 둔다. 어디를 가나 인류역사가 슬어있고 자연초목이 있고 무엇보다도 사람살이가 있다. 이 모두 삶의 만다라! 그 모두 마디마디 생의 등대가 되고 깨달음이 되었다.

동행자의 욕구, 취향, 가치관, 안목 등등도 각양각색. 특히 노년층 동행은 '왕년에 팥 닷 섬 진 일'이나 남의 흠집을 긁어내곤 한다. 오늘을 여행하면서 자기의 아집, 독선, 과거로 잣대질하는 것이다. 그 입을 다물기를 기다려야 한다.

침묵해야 보고 듣는다. 내일을 위한 주춧돌이나 감로수를 주울 수 있다.

여행이란, 묵은 나를 버리고 새로운 나로 살 길을 챙겨 돌아오는 것이다.

돈의 가치

 돈을 벌어 열심히 모으는 사람들을 보았다. 돈을 모으는 데도 아롱이다롱이였다.

 박 가는 돈을 버는 내내 이웃지기에게 인색했다. 아직 쓸 만큼 소유하지 못하였기 때문이라며 자린고비로 살았다. 그가 돈을 모은 후에 돈자랑 겸 밥을 사고자 하나 아무도 그의 밥을 먹으려 하지 않았다. 인생을 배우고 알고 즐기기엔 이미 너무 늙어버렸고, 박 가는 돈 조금 외에 가진 것이 아무것도 없었다. 인간은 돈만으로 사는 존재가 결코 아니다.

 정 가는 돈을 버는 동안 살 만한 이웃들에게 불평이 많았다. 이웃들은 모두 자기보다 잘 사니 남의 잔치에서 입술로나 인심을 쓰곤 했다. 경제관념이 초등수학 수준인지라 자기이익에 더하기 빼기를 어긋나지 않게 했다. 손해 본 적 없음을 자랑하는 정 가는 허드레밥만 먹으며 늙어가고 나이 들어도 품위를 가질 줄 영 몰랐다. 근검하되 제대로 쓸 줄 아는 게 돈의 품위다.

 신 가는 쥐꼬리만큼 벌어서 소꼬리만큼 썼다. 안분과 지족 상락을 모르니 더러운 돈이긴 구린 돈이선 걸려들면 썼다. 보나마나 거렁뱅이에 비렁뱅이 신세다. 저 혼자 못 사는 건 대수롭지 않으나 남 죽이기 십상이니 한탄스럽다.

돈을 쓰지 않고 모으기만 하면 금전기록부에 숫자는 커질지언정 인생은 비루먹은 개의 꼴이 될 것이다.

사람답게 살기 위해 돈을 벌고 돈을 쓴다. 돈은 내가 쓸 때만 나의 돈이다.

돈은 쓸 때만 돈의 가치를 가진다.

인생에

　삼십대까지 내내 엄청나게 읽어댔다. 열린글방의 온갖 소설들, 쏟아지는 시집과 논저들, 각 분야의 선각자들의 지혜서, 성서와 경전의 해석서와 신들의 수수께끼까지.
　독서에 빠져있는 동안 개인적인 나의 고통 슬픔 괴로움을 잊었고 그 덕분에 생활수단인 일을 두려워하지 않고 당당하게 했다. 살아야 하는 건 당당하게 해야 하고, 살아있는 일은 당당한 것이다. 독서중독은 괜찮은 구원방법이었다.
　다양한 책이 저절로 오고 있다. 주욱 읽거나 몇 편 훑거나 훅 집어던진다. 별로 아무 할 말이 없다. 참 고맙다거나 맛나게 읽었다고 답신 쓸 맘이 나지 않는다.
　잘나나 못나나 나남간에 인생이 시들하고, 단한번 죽음으로 무용지물이 되는 인간을 느낀다. 대부분 성경 불경도 읽지 않는데, 또 그런 지혜서를 읽으나마나하게 살아가는 사람들에게 우리가 좀 주절거린 것이 대수이랴 싶은 것이다. 이런 회의 없이 쓰고 써대는 시인 작가란 얼간이거나 자기도취의 명수일 것이다.
　책을 읽다보면 엉뚱한 영역에서 사실 노는 진리를 주장하는 이야기가 나온다. 실망이다. 나쁜 일은 그 사실 또는 진리가 눈 어둔 자들을 오도하게 되기 때문이다. 수백 권을 읽어도, 다 잊어도 좋은 몇 개의 어휘를 잠시 얻을 뿐이다.

　인생에 진리는 단 하나뿐이다. 살아있어야 한다는 것!

　인생에 진실은 단 하나뿐이다. 오직 자기인생만 살 수 있다는 것!

　나는 나일 수만 있고 너는 오직 너이며 우리가 우리일 때 사랑할 수 있다.

사진첩

어쩌다 묵은내 나고 빛바랜 사진첩을 들추며 시간을 거슬러간다.

요즘 먹고살만한 노인은 평생교육을 받는답시고 씽씽 돌아다닌다. 배움과 놀이에 포원진 사람들 같다. 노년의 여유로움과 너그러움이 없다.

노년은 죽음을 계획하고 준비하는 때다. 욕심을 내려놓고 목숨의 한계를 깨달아 허허로이 살 때다. 과거가 덧없음을 알까? 미래는 더욱 덧없음을 알까? 지금 몸을 닦달하고 춤추고 노래해서 무슨 미래를 얻겠다고 부화뇌동附和雷同하는가.

사진첩 속에 나와 인연들의 삶의 단면들이 놓고 있다. 그들 중 이미 무화無化한 사람이 상당하다. 나의 의식과 기억 속에서도 사라진다. 무상無想하고 무상無常하다.

내 사진첩은 이미 사라지고 없는 내 과거시간의 농축이다. 일종의 기억저장고. 그러나 무남독녀 딸에게조차도 내 사진첩은 별 가치도 애정도 없는 것이다. 나의 종언과 함께 사라질지도 모른다. 아니, 내 의식이 흐려지기 전에 내가 없애야 할 내 흔적일 뿐이다. 후대에 남겨줄 만한 소중한 유산이 아님을 알기 때문이다.

슬픈 일

이따금 세상일 때문에 슬프다. 이순이 지나면 자기 사는 거에 그다지 슬퍼할 일이 없어진다. 인생을 알기 때문이다. 그런데 슬프다.

이저런 잡지와 동인지나 갖가지 신문을 읽다가 슬프다. 이저런 문학행사나 예술행사에 끼어서 들려오는 내용에 슬프다.

원칙도 없는 문학과 예술행위 때문이다. 증험되거나 과보果報가 없으면서 누구나 읽기 쉽고 알기 쉬우랍시고, 지혜도 사색도 깨침도 없는 경험 남발의 글이 태반이다. 출세자는 많으나 선지식이 아니고, 지식인이 수두룩하나 지성인을 대하기는 어려운 실정이다. 어쩌자고, 아무튼 무슨 대학, 웬 대학, 어쩐 대학에 다니는 자가 즐비하나 대학大學을 들려주는 이는 참으로 적다.

알이 바구니에 가득 담겼으나 줄탁을 이뤄 알을 깬 병아리가 드무니 슬프다.

이 사회에 곯은 계란이 너무 많아서 슬프다. 미래의 배고픔이 보여서 슬프다.

불효재산

세상이 하 수상하다. 사사로운 주위에서도 전국을 누비는 뉴스에서도 늙은 부모의 재산상속 이야기가 수선스럽다. 내가 힘들게 살아갈 동안 한 번도 내 재산에 대해 염려하거나 부조한 적 없는 사람들이 어째서 내 재산사용에 대해 걱정을 하고 방법을 나열하고 겁을 주는가.

자녀는 자신보다 더 나은 인생을 살게 하고자 소위 부모는 허리띠를 졸라매고 인색을 떨며 자녀교육에 전력을 다해 투자했다. 그런 결과로 부모는 가장 낮은 소시민으로 살아가고 자식들은 제 부모가 겨우 '흙수저'라서 출세할 수가 없다고 비난한다.

급기야 대한민국의 이 시대와 세대가 만든 이런 명언이 늙은 부모들의 귀에 비수를 꽂고 있다. "재산을 물려주면 굶어 죽고, 안 물려주면 맞아 죽는다."

이 시대 부모는 많으나 적으나 간에 재산을 갖고 있고, 그 재산은 이렇든 저렇든 간에 불효자식을 만들수 밖에 없다.

자유민주주의 국가

 말하기가 무섭다. 고故 노무현 대통령을 '민중민주주의자'로 변형된 공산주의자'로, 문재인 대통령을 '공산주의자'로 규정한 '고영주의 발언'이 나까지도 '종북좌파'로 매도할까 봐 겁난다.
 자유민주주의란 국민의 인권을 존중하며 사상과 표현의 자유를 헌법가치로 규정하고, 다양성과 열림의 사회, 합리적 비판을 수용하는 이념이다. 누가 누구에게 특정이념을 강요해선 안 된다.
 역사적 사실 또는 내용을 여당과 야당이 전혀 달리 해석하는 이유는 무엇인가? 역사란 사실의 냉정한 기록이지, 개인의 의견으로 추후에 각색하거나 조작하는 허구가 결코 아니다. 국가의 역사란 감상적이고 의도적인 개인사가 절대 아니다.
 역사교과서 국정화 문제로 양분된 정치판과 학계에 한숨이 절로 났다. 야당을 종북좌파로 각색하면 여당은 파시즘으로 둔갑될 수밖에 없다. 민주주의정치에 여당과 야당이 존재하는 이유는 서로의 다른 의견을 더 나은 의견으로 조율하고 타협하여, 모든 국민의 인권이 보장되는 국가를 만들라는 의미이다. 입법부(국회), 사법부(헌법재판부), 행정부(정부행정)가각각의 권력을 남용하고 이권에 결탁하라는 것이 아니다. 상호간에 견지 협력하고, 비판 감시하고, 합의 관용하여 국가와 국민의 안녕과 권리를 지키라고 있는 3권분립이 민주주의 기본이다.

늙어가는 시인은 언제쯤에나 가슴을 졸이지 않고 '우리나라 우리조국'을 위해 근심을 표현할 수 있으려나.

일신우일신 日新又日新

끊임없이 어리석은 나를 느낀다. 그러므로 나는 계속 탐구한다.

일찍이 나는 남과 똑같이 생각하기를 바라지 않았다. 나는 타인과 똑같이 살기를 원하지 않았다. 아버지는, 인생은 스스로 즐기는 것이라고 심어주셨다. 먹고 노는 것만이 아니라 괴로움도 고통도 인생의 즐길 거리의 하나다. 살아볼수록 내가 배운 최고의 가르침이다.

이렇게 즐긴다는 것에 대한 생각을 남달리 했듯이, 내 친구가 대다수 사람과 똑같기를 바라지 않는다. 이왕이면 남들과 다르고, 나아가 이상해도 괜찮다. 카잔차키스의 졸바처럼, 지독한 인격침해의 고문에도 견뎌낸 김근태 씨처럼, 이응로 화백처럼 이상해도 괜찮다. 그들은 자기가 세운 삶의 진리와 진실에 배고팠던 사람들이다. 오직 '자기를 살려는' 열정을 가진 값진 존재들이다.

나의 몸은 오늘도 거듭 태어났다. 어제의 죽은 세포를 밀치고 새 세포 새 혈액을 만들어낸, 어제와 같아 보이면서도 어제와 다른 새 몸이다. 날마다 흐르는 시간마다 몸이 이렇게 거듭나는데 내 정신도 새롭게 변하고 거듭나야겠다. 깨달을 때가 시작할 때다.

육신도 정신도 일신우일신 日新又日新이다.

수석 壽石

   산을 바라보다가, 기암 한 점 우뚝 솟았거나 산의 품에 아기처럼 안긴 암석을 발견할 때면 "저 산은 참 멋이 있구나!" 하고 탄성한다. 바위를 품은 산은 멋이 있다.
   그 기기묘묘한 괴석의 산을 중국의 장가계, 원가계, 계림에서 넋을 놓고 보았다. 감탄의 말도 할 수 없이 그냥 보고 보았다. 지진이 만들었을까? 화산폭발이 만들었을까? 손오공이 만들었을까? 광포하게 느껴질 정도로 두렵게 쏟아지는 폭포와 숭엄하게 치솟은 암산 암봉! 도도한 인간의 자만심을 겸손히 무릎 꿇게 하는 저 자연물에선 자연의 광대성과 시간의 숭고함이 전율해왔다.
   그런 바위 혹은 돌의 근원을 연상케 하는, 수석작품 같지도 않은 몇 개의 돌을 바라보는 즐거움이 있다. 얼마만한 세월동안 닳아졌어야 저러한 돌이 되었을까. 돌이면서 돌 같지도 않은, 그만그만한 조약돌 같은 수석을 바라보면, 그것들은 태초의 시간을 끌어오고 지수화풍의 조화를 깨닫게 한다. 물질이면서 비물질적 대상이 되고, 그 작은 공간물에서 무한한 시간의 깊이와 자연의 끊임없는 윤회를 응시하게 된다. 그리고 무거운 짐을 진 나를 내려놓는 무아지경이 된다.

기껏해야 10㎝ 이하의 돌멩이에 받침대를 만들어 품격을 세워줬다. 자연적으로 형성된, 지수화풍의 무작위적 아름다움을 느낀다. 전혀 인위적 기술이나 사람의 생각을 가미하지 않았는데 그 속에서 생활의 파편과 시간예술의 비늘을 발견하는 것이다.

나의 돌멩이의 이름을 들어보시라. 벙어리장갑, 홰치는 장닭, 그리운 초가집, 어떤 부부, 백설 난분분, 귀 떨어진 백자, 산수병풍 등등이다. 산골짝 물길에 발을 담그다가 우연히, 바닷가를 거닐다가 우연히, 어린 딸애와 맑은 개울가에서 다슬기를 잡다가 우연히 내 눈에 보인 것들이다. 사물은 보기 나름의 의미를 갖는다.

조그만 저 수석들은, 지구가 오래 걸려 쓴 시 한 편 한 편이다. 자연이 절차탁마한 미술품 한 점이다.

나의 글

나이므로 나밖에 쓸 수 없는 글이 나의 글.

길을 걷다가, 클래식음악을 듣다가, 사상철학이 서 있는 글을 읽다가 가슴에 콕 박혀오는 낱말 또는 문장이 글의 주제 또는 주제문이 된다. 민들레꽃씨마냥 훌훌 흩어져가는 생각의 씨는 내버려두고 내 손에 받아 담은 씨앗만 내 꽃밭에 심는 것이다.

남을 별로 의식하지 않는다. 남의 싹을 내 것인 양 이식하지 않는다. 내 눈에 보이는 대로 보고 들리는 대로 주워서 내 마음밭에 심는다. 내 밭의 농부는 오직 나다. 내 갈 길은 오직 나만 가듯이 고독하게 글을 쓴다.

나는 오직 나이므로 '나'를 쓴다.

겨울산

겨울산은 속옷도 입지 않은 고독한 산승이다. 정결하다.
겨울산은 속살 속뼈까지 가림 없이 드러내 보인다. 정직하다.
겨울산은 북풍한설에 부르르 떨고 떤다. 속죄한다.
겨울산을 이만치에서 물끄러미 바라본다. 처연해진다.
겨울산을 저만치에서 아득하게 바라본다. 사색이 깊어진다.
속세의 팔만사천 희로애락을 말짱 잊고 자신의 내면을 바라본다. 묵언수행이다.
겨울산은 웅장하거나 화려하지 않다. 버린 만큼 겸손하다.
겨울산은 맨발이고 빈손이다. 깨끗하고 소박하다.
가끔, 겨울산처럼 알몸이 되고자 한다. 속속들이 내보이고자 한다. 가장 진솔하고 정직한 자신이 되려면 겨울산처럼 헐벗어야 한다.

삶의 진실

사는 일은 사회학 공부요, 역사학 공부다.

문단의 말석에서 만난 사람이 부지기수다. 문자로, 영화로, 실제인물로 참 많이도 만났다. 인간을 꽤 적나라하게 읽었다. 고층빌딩, 구멍가게, 지저분한 화장실, 산말냉이 화전 같은 것들이 어우러진 사회를 읽었다. 저절로 된 것은 없다.

헬레니즘과 소크라테스 시대, 사마천과 공자의 후학을 읽고, 섹스피어와 레마르크, 존 스타인벡과 헤밍웨이, 알베르 카뮈와 시몬 드 보부아르와 사르트르, 괴테와 슈니슬러, 고골리와 도스토옙스키에 넋을 잃고 배웠다. 그리스와 중국, 인도와 영국과 미국을 통해 과거와 미래의 역사성을 깨우쳤다.

거기에, 체험한 한국전쟁과 군사정권, 한미관계와 한일관계의 역사를 읽었다. 그 행간에 만델라와 체 게바라, 카잔차키스와 히틀러, 엘리 비젤, 파스테르나크를 통해 역사관과 사회관에 눈을 떴다.

작가는 비극적이고, 불후의 걸작들도 비극적이다. 비극의 비의秘意를 깨달을 때 인간의 진실을 읽을 수 있다. 작가의 얼굴은 세상물이 잘 밴 얼굴이므로 아름답다. 인생의 비극인 고난고통을 소화하여 사람과 세상살이에 대해 너그럽기 때문이다. 너그럽고 무심을 이룬 얼굴이기 때문이다. 꽃샘눈발 날리는데 피어난 백설매 같은 얼굴이다.

삶의 진실은 비극의 비의를 읽어야 알 수 있다.

명언

한국의 아이돌 1세대인 '이효리'를 나는 좋아하고, 응원한다. 그의 담대함과 개성적이고 자연스런 미모와 가식이 느껴지지 않는 언행이 맘에 쏙 든다.

TV뉴스와 먼 나라의 자연경관이나 역사유적, 혹은 걸려드는 예술프로그램이나 시청하지만 채널을 돌리다가 이효리의 얼굴이 보이거나 그 음성이 들리면 채널을 고정한다. 이효리의 눈웃음을 보고 있으면 웃음이 띠어지고, 이효리가 툭툭 던지는 솔직담백한 표현의 말에 속이 밝아진다. 거짓되게 가려짐이 없으니 내 생각도 덤으로 솔직해진다. 소위 아무렇게나 걸친 평상차림으로도 '나는 이효리'라고 나서는 태도에 "너, 참 잘 살고 있다."고 박수를 보낸다.

2017년 어느 날, TV속 이효리가 나를 쥐어박았다. 아뿔싸! 길거리에서 이효리가 어느 초등학생에게 말을 건넸다. "뭘 훌륭한 사람이 돼? 그냥 아무나 돼!" 이효리는 내 이마를 뻥! 쳤다.

오호, 아이들을 가르치던 20여년 시간을, 나는 번개같이 되돌렸다. 천만다행히 "훌륭한 사람이 되어야지!"라며 인자한 척하지도 않고, "큰 꿈을 꾸어라. 꿈은 이루어진다."는 허무맹랑한 입발림 소리를 하며 훈계하지도 않았다. 그냥 어린이들과 잘 놀았다. 다행이다.

그날, 이효리는 나를 뻥 뚫리게 하는 스승이었다. 나는 자리에 앉아서 정색으로 나에게 말했다.

"그냥 아무 시인이나, 아무 수필가나 되시게!" 하하하하 하하하.

문학

    문학은 세계인식의 장이다.
    특히 시나 수필은, 너와 나의 밥벌이 이야기나 사랑타령이 아니며, 나나 네가 이래저래 살아왔다는 너스레 글이 아니다. 부부싸움이 나쁘다고 쓰는 게 아니라, 남성과 여성의 싸움의 부당함과 나아가 전쟁이 인류에게 어떤 해악인가를 생각게 하는 글이 문학이다.
    풀꽃과 매화가 단지 꽃이라서 예쁘다가 아니라, 그 꽃 한 송이가 어째서 아름다운가, 그 꽃핌까지 시련의 섭리와 의미를 깨닫게 하는 것이 문학이다. 자기 어머니의 죽음이 슬프다가 아니라, 어머니의 죽음의 슬픔을 통해 죽음과 인생의 의미를 깨닫는 글이 문학이다.
    자기체험의 확장으로 세계의 사람과 인식을 공유 공감하게 하는 것이 문학이다.

독백

누구나 군중 속의 한 사람이다, 중요한 사람이 되기를 기다리는.

제일 먼저 고통을 극복하는 정신을 길러야 한다, 불사조처럼.

멋진 풍경, 멋진 시간을 아깝게 만드는 사람과 같이 있고 싶지 않다, 슬프게도.

욕심쟁이 소시민이 뭐든 끌어 모으지만, 귀중한 게 없다. 그는 아무와나 잘 섞이려고 고갤 디밀지만 진심의 친구가 없다. 서글프다.

누가 불러주기를 좋아한다면, 네가 남을 불러주어라.

오랜만에 재즈를 듣는다. 홀로 빠져서 놀다가 누가 치고 들어오면 양보하여 조화하는 재즈처럼 살아야 한다. 나를 인정하듯이 남을 인정하는 자세의 삶이 아름답다.

새 시, 새 수필을 쓴다. 과거를 고집하는 문학은 필요 없다. 사람들은 과거 위 현재에 살아가고 있는데, 문학은 과거의 늪에서 질식하고 있다.

명절에 부모와 자식의 관계를 생각한다. 지식은 좋겠다, 실패하고 절망해도 찾아갈 부모가 있으니까. 늙은 부모는 병들고 외롭고 쓸쓸해도 찾아갈 자식이 없다.

  망가진 삶, 아픈 가슴들을 위해 나는 좀 구질구질해도 좋다. 비에 젖은 내 모습을 보면 아픈 자들이 편하게 찾아온다.

  바보로 살아서 좋다. 바보인 나는 아직도 꿈을 꾼다. 나는 늙은 어린아이다. 어린아이의 꿈은 착하고 단순하며 이루어지지 않아도 괜찮다.

앎 知

앎. 안다는 것이 구체적으로 무엇인가? 그것은 삶의 지혜이며, 특히 현대인이 인간적일 수 있는 기초적인 힘을 의미한다.

삶을 지혜로이 살기 위해선, 그리스 시인인 아르킬로코스의 명언을 새겨볼 필요가 있다. "여우는 사소한 것을 많이 알고 있지만, 고슴도치는 중요한 것 한 가지를 깊이 안다." 기막힌 상생지혜를 생각하게 한다.

사소한 앎＝상식常識이 일상생활을 편하게 할 수 있게 하지만, 인류와 자기를 정말 잘 살게 하는 것은 깊이 아는 지知 덕분이다. 전등과 TV를 사용하는 방법을 알면 생활이 편하지만, 인류에게 전등의 혜택을 누리게 한 에디슨은 전기에 대해 참으로 깊이 안＝연구한 사람이다. 그 차이다.

살림도구나 자동차 운전대를 사용하는 방법을 잘 아는 것＝육체적 물리적인 앎은 보편적 삶이지만, 성현이나 생로병사의 인생사를 깊이 아는 것은 진실로 삶을 아는 지혜다. 두 발과 두 손이 있어야 생활을 편리하고 조화로이 할 수 있는 것처럼 사소한 앎과 중요한 앎의 양 날개가 진실로 인간을 만물의 영장이게 한다.

문학은 정신적 문제를 깊이 알게 하는 앎이다.

인간의 문제

　여자가 된다는 건 고통의 짐을 진다는 다른 말이기도 하다. 남자에게 아내가 있다는 건 경제적 시간적 특혜라면 여자에게 남편이 있다는 건 과중한 업무고 빼앗기는 여자의 시간이다.
　남편에게 강간 – 원하지 않는 성행위이므로 – 당하고, 알 수 없는 폭력을 당하고, 과중한 노동을 감당하는 삶은 참으로 괴롭고 고통스럽다. 편협한 사회에서 주어지는 시련을 생각하고 또 생각했다. 이 고통은 신의 문제인가, 인간의 문제인가?
　사람들은 그 지독한 고통을 흔히 신에게 미루곤 했다. 신의 섭리라커니 운명이라커니, 허공에 뜬 날벌레 같은 조언을 했다.
　신이 내 인생의 주관자라고? 신이 주는 형벌이라고? 나는 그런 신을 원하지도 않고 필요하지도 않다.
　고통으로 방황하고 고통을 다스리고 이겨내며 깨달았다. 내 고통은 신의 형벌이 아니라 덜된 인격의 인간이 준 요지가지 폭력 때문이라는 것을. 그 후로는 나는 비인격적 인간의 존재가치를 결코 인정하지 않는다.
　인생행로가 오솔길이건 대로이건 스스로 달게, 즐겁게 걸어가야 한다.

문학예술가

예술가란 새로움을 개척하는 사람이다. 앞서 가는 예술가란 없다. 다만 새로운 예술가가 존재할 뿐이다.

특히 문학예술가는 남의 말을 들을 줄 아는 사람이다. 질문할 줄 알고, 잡학의 지식으로 사유할 줄 알고, 알아듣게 말할 줄 아는 사람이다. 남을 사랑하면서도 자기를 포기하지 않으며, 이따금 손에 밥 대신에 꽃을 드는 사람이다. 미지세계에 발을 디딜 때 어디로 갈지 몰라 두려워하기보다 그 상황에 익사하는 사람이다. 모험처럼 새로운 글을 창작할 수 있어야 한다.

한눈에 보고 스치는 총천연색 영화가 아니라, 빛과 그림자의 정밀하고 그윽한 흑백영화처럼 여운을 깊이 느끼게 하는 글을 써야 문학예술가다.

말은 쉽게 하지만 참으로 어렵다. 개나 걸이나 다 하게 쉬우면 문학이 아니라 풀빵이다.

수필

수필은 인간과 인생의 인문학적 담론이다.

내가 쓰는 수필은 내가 살아온 삶에서 깨친 부분적인 결론 같은 것. 그것에 공감하는 것이 작가와 독자의 친밀감이다.

나는 앞사람들에게서 배운 지식의 파편으로 삶과 수필을 직조했다. 그것을 한참 후에 사람들이 어느 날 문득 읽고 자기 삶의 동행으로 포용할지도 모른다. 나는 그것이 문학의 인문학적 이해라고 생각한다. 앞에서 배운 지식과 자기성찰이 없으면 문학을 제대로 이해하지 못하기 때문이다.

책은 머리로 읽고 이해한다. 그리고 마음에 젖어들 때 진짜 자기의 것이 된다. 그 자기를 실행하는 것이 진짜 인생이다.

나는 이순을 지나서 다시 어린 때처럼 순수하고 겁이 없어지기 시작했다. 세상은 사람들이 어린이들처럼 평화스럽게 어울려 살 때 제대로 존재된다. 내가 나로 산다는 것은 이 만다라세상의 한 점을 차지하는 것. 그 생각을 하자 나는 우리나라 현대역사를 내 수필의 씨줄로 삼을 수 있었다.

시

시를 읽으며 쓰며 진실을 배운다.

진실은 사실과는 다르다. 사실을 바탕으로 하여 인간의 심금을 울리는 진실이 시다.

소위 '비틀어 보기' 또는 '새로이 보기' 내지 '사유의 감각화'로 쥐틀린 현대시를 읽으면 두드러기반응이 일어난다. 사실도 진실도 없는 말이 어딘가로 무작정 흘러가는 시는 실험시도 아니고 실패한 시다. 한때의 장난이 인생의 골격일 수 없다.

화려한 무늬 가득한 접시에 음식을 담았다고 음식의 맛이나 아름다움이 느껴지진 않는다. 독선 가득한 정부요직의 사람 같은 시라고나 할까.

시는 본디 시서화악詩書畵樂의 포용이고 그 뿌리라고 할까. 아무리 짧아도 시는 기승전결의 구조다. 사유의 과정 또는 변화의 과정을 포용하고 있다.

시의 세계는 감정의 너스레나 사실의 전개가 아니다. 보이지 않으나 분명히 존재하는 크낙한 정신의 세계다.

시는 시간을, 세계를, 인간을 인식히는 감동적인 그릇이다.

■ 여적

수필 골수론

'아포리즘'은 삶의 체험적 가치를 간결하고 압축된 형식으로 나타내는 짧은 글을 이르는 인문학 용어이다. 이를테면 '인생은 짧고 예술은 길다'처럼 한 줄의 문장으로도 능히 열 줄의 서술을 담아내는 금언이나 격언, 잠언 류들을 포함한다.

아포리즘과 수필의 접목은 기존 수필의 느슨함에서 시도되었다고 본다. 수필은 짧은 산문이지만 작가에게는 그리 야박하지 않은 공간을 제공해 오고 있다. 어쩌면 그 여유 때문인지 작금의 수필들은 뼈대 없는 일상의 무의미한 살점들의 나열이 대세를 이루고 있는 실정이다.

이에 수필가 김용옥은 일찍이 아포리즘수필을 시도하면서 수필의 품질이 응축된 사유에 의해 결정된다는 골수론骨髓論을 주창하여 왔다. 수필은 인간의 사색과 철학, 실험과 실천을 진하게 우려내는 작업이라는 게 그의 수필 골수론이다.

아포리즘수필은 기존의 수필을 요약하는 데 그치는 수필아포리즘과 구분되고, 일상어를 쓴다는 점에서 새말을 직조하는 시와도 구별된다. 아포리즘수필이 짧은 것은 의도된 것이 아니라 작가의 말수를 줄이는 대신 독자의 시간과 공간을 넓히려는 데 따른 자연스러운 현상이다. 그러기에 수필아포리즘은 수필의 새로운 형식의 구안을 넘어 사유의 긴장을 놓지 말자는 충고에 더 큰 방점이 있다고 하겠다. —홍억선(한국수필문학관장)

김용옥 수필집

나는 이 땅에 발을 딛고 걷지만 내 눈은 발밑을 보는 게 아니라 먼 하늘을 바라본다.

김용옥의
아포리즘 수필

ⓒ 김용옥 2022

인쇄일 | 2022년 6월 20일
발행일 | 2022년 6월 25일

지은이 | 김용옥
발행인 | 이유희
편집인 | 이숙희
발행처 | 수필세계사
인쇄처 | 중외출판사

출판등록 2011. 2. 16(제2011-000007호)
41958 대구광역시 중구 명륜로 23길 2
TEL (053)746-4321 FAX (053)792-8181
E-mail / essaynara@hanmail.net

값 12,000원
ISBN 979-11-85448-84-8 03810

* 이 책의 판권은 지은이와 수필세계사에 있습니다.
  양측의 서면 동의 없는 무단 전재 및 복제를 금합니다.